孩子就要這麼教

幫助全球超過80000名學生，成功提升學習品質與生活技能

實踐家教育集團董事長
林偉賢 老師

知名親子教育專家
吳娟瑜 老師 合著

/ 推薦序一 /

比優秀更重要的事

道德，也許能彌補知識的不足；知識，卻無法填補道德的空白。

在這個競爭激烈的年代裡面，我們的孩子從小就穿梭在學校和補習班之間，應付各種升學考試和檢定考試，肩背上那一個厚厚重重的書包，彷彿快要壓垮了他們珍貴短暫的童年。

為了追隨主流社會的脈動，實現家長們心中的期望，孩子們自幼被形形色色的「成功計畫」包圍，然而，只要跟著這些讀書計畫、升學計畫去制定前程，孩子這一生就註定「成功」了嗎？

當父母將大部分的注意力放在子女的考試成績上，往往會忘記去審視孩子內在的道德觀，以及待人處事的操行是否合格？也忽略了孩子們本身獨有的天賦特點，假若有天他們選擇了父母意料之外的路，爸爸媽媽是不是該重新考慮一下，您費盡苦心安排的道路，真的是他想要走的嗎？

有高達八成的台灣教師認為，在台灣，學生的禮貌教育是非常失敗的，列舉出常見的表現包括：毫無分寸、不守規矩、欠缺口德、不敬師長、不服管教、無責任感、舉止失態、冷漠自私、叛逆失序……等等。

讓很多民眾感到憂心的是，學生錯誤的價值觀不僅是影響他個人的一生，也將拖垮整體國家的風氣及年輕一代未來的前途。

您覺得這樣子的擔心只是杞人憂天？

回頭想想，近幾年多起大弊案一再地被爆出，終於讓品格教育的重要性再度浮上檯面，我們在過去過度地重視「智育」，把「德育」、「群育」拋諸腦後，現在不就付出慘痛代價了嗎？

所謂的「品格」，就是身為人類最基本的價值（例如：誠實、正直、善良、慷慨、勇氣、自律……等等）；而所謂的「品格教育」，簡單地說，即是教導孩子「做人」與「做事」：在做人的方面，包括如何和長輩相處、如何和朋友相處、如何和自己相處、如何和環境相處……等；在做事的方面，則包含怎麼樣進行、怎麼樣採取行動、怎麼樣調整改善，才能夠更容易達到目標。

父母教養出來的孩子，既懂得做人，亦懂得做事，教育的目標才能夠真正地落實；品格教育的最終目的，無非是希望培養起孩子的道德觀、責任感，讓他能夠自我管理、自我成長，成為對社會有益的公民。

做為品格教育的基地，家庭成員務必要扮演好第一道閘口，教育孩子的重點應該是待人接物的禮儀、慈悲為懷的胸襟、積極自信的態度、生活習慣的培養，而不是斤斤計較考了多少分，讓孩子誤以為成績好就能為所欲為。

在企業界，台積電董事長張忠謀致力於重振傳統美德、全國工業總會理事侯貞雄強調誠實是企業上策，道德倫理儼然成為篩選員工的最新指標，品德操守已經是新世紀人才的核心必備能力！

從事補教界多年，我觀察過的孩子不計其數，教養方式是正確或者是錯誤，造成的影響有多麼強大，是毋庸置疑的；我身為兩個孩子的爸爸，對於教育這門學問，亦絲毫不敢輕忽。

林偉賢老師與我已是多年交情，他對待孩子認真的態度，有目共睹，與經營事業的認真有得比拚，分分秒秒不懈怠；吳娟瑜老師則是我遇上教養難題的最佳解惑明師，更是極具知名度的一代教育宗師，由衷推薦**《孩子就要這樣教》**給徬徨無助的父母們，教孩子之前，先教教自己；成長了以後，再教給您的孩子十把卓越的人生鑰匙吧！書中集結了兩位老師的智慧精華，勢必能夠為您點起一盞教育的明燈！

素質教養權威　王擎天

/ 推薦序二 /

贏在終點

人生不是一座金座塔，而是N座，不是獨領風騷，而是各領風騷，相信每一個人都有一片天空，不是演活別人，而是演好自己，能如是想，失敗便不是失敗，而是距離成功近一點點的經驗了。

李小龍說，他不怕一種人會一萬種功夫，但怕只會一種功夫卻一直練一萬遍之人，意謂著努力比天賦重要，一個人光有天賦而不努力，即使天才也難有所成。失敗一事在這本作品中大約也表明這個意思，不必怕它，而是超越它，一如德國的教育思想，把成功當成經驗與閱歷的累積，經驗多半是挫折兌換的，閱歷則來自行萬里路，兩者合一則是智慧。

父母多半喜歡一步登天的魔法，但教育家則相信慢慢來，主張「零點一大於零」，人生不是在找一條好路，而是對路，把人放在屬於他的相應位置上，人生便是「加法」，零點一確實不多，但很多零點一積少成多，便不少了。

「起跑點」常常被人提及，以為起跑贏了，就是贏家，事實上很多時候卻是相反的，學校如少林寺，練功修行，但必須過十八銅人陣才算數，不是贏在起點，而是終點。林語堂說，人生貴在「養趣」，趣是樂趣，有趣，興趣之意，孔子主張，知之不如好之，好之不如樂之，便在點明：樂在工作才是好工作，而非家產萬貫的好工作！

專業才是王道，但要弄懂一門功夫，並非易事，三年、五年只是入門，想令人刮目相看，大約非十幾二十年不成。

專業靠的不是成績分數，堅持，奮鬥，專注，助人，把它當成一輩子的事等等人格特質，反而更重要，那是態度，少了它便少了高度與遠見。

簡單不簡單一直是我的論證，很多事的初始都是簡單的，但要做得好就不簡單，而人生不過是把簡單的事做到好而已，教育本來就非難描之事，但在成就的泥沼裡，我們常想雜了，忘了順性開發、適才適所等單純義理。

是的，**《孩子就要這樣教》**，兩位老師的新著有如禪師開示，一點一滴給人撥雲見日的義理，我喜歡。

親職教育專家　游乾桂

/ 推薦序三 /

這是一本有深度的書

有許多年輕的父母，在教養子女的過程中，充滿疑惑，因為如此重要又困難的事情，即使念到大學畢業，學校課程裡完全沒有學過。在摸索著教養方法時，緊張又焦慮，因為知道做錯了不能重來，而且會毀了一生的幸福。

身為三個孩子的父親，我深切體會到教育子女不只是眼前的事情，更要思考孩子未來的人生，培養他的品德和態度，建立正確的價值觀，學習將來進入社會，與人相處和生活、工作的能力。所以為人父母並不容易，教養孩子可以說是一種藝術，而且真的需要一些技術。

林偉賢董事長是一位成功的企業家，有著精彩的人生閱歷，豐富的社會歷練；吳娟瑜老師則是親子教養領域的知名專家；他們倆人碰撞出智慧的火花，想要為台灣的未來獻上他們的的專業經驗，所以在百忙當中仍然花費不少時間心力，為所有的家長和孩子合寫了這本**《孩子就要這樣教》**，由此可見兩個人對於社會真誠的關懷和用心。

《孩子就要這樣教》書中的標題【卓越十鑰】正是人生重要的方針，是開啟孩子未來人生的鑰匙，實實在在的標示出立足社會的關鍵品德和能力。而【爸爸經】跟【媽媽經】相輔相成的安排更是巧妙，吳老師的【媽媽經】不厭其煩細膩地說明了親子教養的觀念、方法，林董事長的【爸爸經】堅定明確地點出了社會上需要的能力、態度。

每一個標題不但談觀念，還舉了很多真實的故事為例證，有具體的方法又有貼心的提醒，所以閱讀起來讓人感受到平實可行，也就是說它像指南針，告訴你方向，還貼心的提供了詳實的地圖。

教養子女成功的最重要關鍵，是在於父母本身具有正確的觀念，擁有良好的方法。我要大力推薦**《孩子就要這樣教》**就是如此內容豐富又具有思想深度，它提供了為人父母各項的教養觀念和方法，讓人能夠完全理解「就要這樣教」，到底教的是什麼和怎麼教。所以相信關心孩子，真心愛孩子的父母，會因為獲得這樣的智慧而感到喜悅，因為進行這樣的教養方式，得到最美滿的幸福。

校長爸爸　黃登漢

/ 推薦序四 /

不怕難教，就怕不教！

身為吳娟瑜老師的第二個兒子，媽媽常常跟我開玩笑地說，她今天能成為親子教育專家，是因為她有一個非常難以教養的孩子。

她的話，一點也不假。

我就是她的挑戰，從小我除了是注意力不集中的學童，個性還挺倔強，自有主見，常在家中鬧脾氣，讓家中的氣氛變得緊張，求學時又因為功課不好而自尊低落，曾在氣頭上離家出走，諸如此類讓媽媽憂心不已。

至今，媽媽成為真正的專家，她知道如何開啟我的潛能，明白我不是壞小孩，我只是「不一樣」的小孩，她也堅守正確的價值觀，一路把我拉起來，我從一個功課很差的學生，在媽媽開明式的教導中，找到自學的方法，從死背到瞭解課業上真正的邏輯，變成全校排名前三名，從建中、台大化學系，再唸到中正大學中文系碩士，從一個不擅長分享的人，變成和媽媽一樣四處演說，寫作談預知風險與危機的專欄。可喜的是，多年下來，從「互相推拉」到「互相協調」再到目前的「互相造就」！

現在，我也有了兩個青春期的兒子，我跟媽媽一起成長的過程中，學會心態的沉穩，學會揣摩別人的心思，學會無設限的奇想與創意思考，讓自己成為一個更好的爸爸，也成為對別人有幫助的人。

媽媽常對我說：「每個小孩子都是寶礦，做爸媽的，絕不放棄挖寶。」還說：「孩子不怕難教，就怕不教！」這也是為什麼身為爸爸的我，希望在孩子成長的過程中，帶給他們最好的影響。

一直以來，我參加過林偉賢博士很多的演說課程，他這位超成就者，可以說是人與人之間的超連結，讓進入他生命體系的人，都能再以善意建立出更多的好網絡，讓正能量輻射出來，幫助更多的人，讓生命更美好。

所以，我很慶幸能認識林偉賢博士，可以「跟著老鷹飛翔」！

媽媽和我同時受邀為實踐家教育集團「HappyChange 親子國際課程」的老師，當時，董事長林偉賢博士，先構想出華人地區第一對親子檔講師，讓家長與孩子同堂上課，**《孩子就要這樣教》**一書，又讓我見識到真實智慧的結晶，除了虛心受教，也要和家中兩個兒子好好分享，陪伴他們一起成長。

人格分析師　第五德嘉

/ 創辦人推薦序 /

Making great kids greater.

Bobbi DePorter　芭比・狄伯特
Co-Founder/President　聯合創辦人 / 代表主席
Quantum Learning Network / Super Camp　量子學習系統 / 超人營

Principles are the rules that guide human behavior. Concepts like fairness, integrity, and truth are generally accepted and shared by all people. They are not tied to time or culture or history—they are objective, not subjective. Principles define the culture of any group—family, school, club, company. They lay the groundwork for personal excellence and align groups on agreed behavior. People who are aware of their shared principles and uphold them know what to expect from one another. They experience a higher level of trust, more teamwork, and ultimately, greater success in all areas of their lives.

「原則」是用來指導人類的行為的規則。像是公平、誠信以及真實的概念，都被所有人普遍地接受與分享。他們並不和時間、文化或歷史相關 -- 是客觀的不是主觀的。「原則」定義了文化的任何群體 -- 家庭、學校、俱樂部、公司文化。他們奠定了個人卓越與共同認可行為的基礎。人們了解共同的原則並堅持彼此的期望，他們經歷了更高水平的信任、更多團隊工作以及最後在生活領域獲得更大的成功。

With these thoughts about the value of shared principles in mind, we developed the Keys of Excellence many years ago by studying people who had achieved great success while maintaining personal excellence. We identified the traits and principles they shared and those that came up most consistently became our Keys of Excellence.

有了關於共同原則價值的想法，我在多年前訪談事業有成且同時維持品格卓越的人們，確認他們分享的特點和原則，轉變為卓越成長的關鍵金鑰。

The Keys of Excellence are the foundation for SuperCamp, the academic and life skills youth achievement programs that were originated in the U.S.A. in 1982. We found that when all our participants agreed to live by these principles while at SuperCamp, it created a feeling of community and trust. The Keys help students create of core of excellence and define who they are as a person. Studies show that SuperCamp graduates significantly increase self-confidence and motivation, improve their grades, participate more in school, and feel measurably better about themselves—and we credit the Keys of Excellence for these exceptional outcomes.

卓越鑰匙的基礎是 Super Camp 超人營，1982 年源自於美國青年的學術和生活技能成就計劃。我們發現在超人營裡，當所有學員同意依據這些原則生活，卓越金鑰就創造了社區與信任的感覺，幫助學生創造卓越的核心，並定義他們自己。根據「學習革命」作者與我們做出的研究結果指出，超人營的畢業生明顯的增加自信心與意志，改善成績、更積極參與學校活動以及感覺更有自信， 我們證實是卓越鑰匙創造出這些優秀的結果。

The Keys can be used in almost any group setting. Introducing the Keys to your family provides a great opportunity for meaningful and ongoing family communication that is so often lacking in our busy lives. Outlining and agreeing to live by the Keys brings the family together with a common purpose. Here are some ideas for bringing the Keys of Excellence into your home:

卓越鑰匙可被用在任何的族群。在我們繁忙的生活裡，總是缺乏溝通，請把鑰匙介紹給你的家人，給他們一個很有意義的機會，並讓他們同意將鑰匙帶入家庭，使家庭生活有共同目標。

這裡有一些將卓越鑰匙帶入家庭的方式；

Introduce the Keys : The idea of the family "living" the Keys could be introduced at a special family gathering by reading the definitions of all the Keys and sharing simple stories to illustrate them. Then have everyone agree to work together toward making the Keys part of their lives.

卓越鑰匙的介紹：在一個特殊家庭聚會上，可以藉由閱讀鑰匙的定義並以簡單的故事說明它。然後讓每個家人說說生活的想法，都同意讓鑰匙成為他們生活的一部分。

Model the Keys : The first step in integrating the Keys into your home is by living and modeling them yourself. Become aware of your own behavior and do your best to uphold the Keys.

鑰匙的典範：第一步驟是要了解你自己的行為以及盡你所能的堅持這把鑰匙，並將鑰匙融合到你的家裡。

Keep them alive : Making the Keys part of your family' s life is a process and it' s important to bring them up in some way every day. Every night at dinner could be a good time to ask family members to share something they noticed about one of the Keys during the day.

維持他們的生活：重要的是每天以某種方式帶領他們，讓鑰匙成為你家人生活的一個過程。每個晚上的晚餐是個很好的時間，要求家人分享他們在一天裡注意到與鑰匙相關的議題。

A Key for the week : Family members can take turns choosing and introducing a new Key to focus on each week. This could be done at a special family "Key Talk" gathering on Sunday nights. Be creative and make it a fun event that everyone can look forward to.

每週的鑰匙:可以在一個特殊家庭聚會的每周日晚上做為"鑰匙的對話"。以每一週為重點，家庭成員可以輪流選擇與介紹一把新的鑰匙。但要有創意以及讓它變成有趣的事情，這樣每個人才會很期待。

Catch your children using the Keys : Praise them when you notice them practicing one of the Keys. The Keys give us many opportunities to recognize, acknowledge, and encourage positive behavior, and make our

children feel good about themselves.

讓你的孩子使用鑰匙：鑰匙給我們很多機會去理解、確認與鼓勵正面的行為，讓孩子對自己有自信。當你發現他們使用鑰匙，要讚美他們。

Positive relationships with one's family and a strong character core are critical factors in helping young people develop a sense of themselves and a positive outlook on life, goals and ambitions. The Keys of Excellence benefit our children in two areas: their connectedness with family and their understanding of core life principles that will guide their decision-making and build their self-confidence and motivation, leading them to excel in all areas of their lives. Making great kids greater.

家庭的積極關係和強烈的人格核心，是幫助年輕人培養自我意識和對生活目標和野心的積極前景的關鍵因素。而卓越鑰匙在這兩方面對我們的孩子有益，他們與家庭的聯繫以及了解生活的核心原則引導他們做決定、建立自信心、意志、帶領他們在生活領域表現出色，讓優秀的孩子更卓越！

Best Wishes,
Bobbi

/ 作者序 /

Good children are taught
好孩子是教出來的

在 5000 多場演說的場合裡，我跑遍了華人世界，不論是台灣中小學、幼稚園的親子講座，大陸中國移動公司的全球通大講堂，還是吉隆坡星洲日報、麻六甲、古晉…的成長講座會等。

常見到緊追不捨的家長，其中以媽媽最多，孩子越小焦慮就越多，一方面是經驗不足、資訊分歧；另一方面是——這個地球、這個世界的發展，似乎讓父母有越來越多的擔心，深恐兒女跟不上時代，就怕孩子被社會淘汰，這是為什麼大家擠破頭找名校，把孩子往安親班送，想盡辦法，要孩子贏在起跑點。

內求？外求？

父母親希望用心栽培子女的這個前提當然是對的，但是關鍵點在於：是要「內求」？還是「外求」？

「外求」是讓孩子從小陷入「爭先恐後」、「爭名奪利」的快速腳步，誤以為成功就是踩在別人的頭上往上爬；誤以為讓別人輸，自己就會贏了。

然而，「內求」則是父母先做到以身作則，端正價值觀與行為，讓孩子從小在耳濡目染、有樣學樣的「照鏡子原理」下，找到生命中的自我認同感，找到利己利人的出發點。

所以，在 Supercamp 超人營，以及在青少年 Money & you 的國際課程裡，我常見到許多爸爸媽媽，在結業式裡，熱淚盈眶地感動，因為他們見識到孩子居然伸展雙臂，奔向爸爸媽媽說：「我愛您！」或是緊緊拉著爸爸媽媽的手說：「對不起！」

這種由衷而發的言詞和態度，証明了親子關係中「內求」的重要性，當孩子在團體互動中重整了生命最重要的「卓越十鑰」，透過遊戲、探索、挑戰、筆記，小組分享，和自我反省等過程，這些信念瞄準孩子的潛意識深處，

切切實實地紮根植入。

合作無間的成長

《孩子就要這樣教》由偉賢老師和我合作出書，這是多麼榮幸的一件事，他是我見識過少數學習力極強、腦筋動得快，同時又樂於助人的企業家，他還是國際知名的超級演說家。

經常在兩岸三地巡迴演講，又不斷拓展海內外慈善事業的偉賢老師，他是怎麼做到盡責的爸爸呢？有一回，他搭機回台灣，只為了在女兒的英語演說會場，給女兒鼓勵和關心。比賽結束後，他又匆匆踏上下一趟飛機行程。

做一個好爸爸，就是在「誠正信實」、「堅持承諾」，並且「彈性變通」的原則下，把握當下地陪伴孩子成長，這種態度和作風真的可以讓孩子們感受到被支持、被引領。

我有兩位正在青春期的孫子，我正在學習如何和e世代網路青少年相處，有時候把握不住原則，我的「疼愛」超過了「信念」，這時我會把「卓越十鑰」拿出來自我確認一番，然後問自己：「如此這般的讓步，是愛孫子？還是害孫子？」這時，答案自然就很清楚了。

相信您拿到這本書會感受到100年的「份量」（哈——不小心透露了我們的年齡了），在此，感謝王擎天董事長、歐綾纖總編輯的大力支持，同時，在蕭珮芸主編的細心琢磨下，居然構想出「林偉賢爸爸經」、「吳娟瑜媽媽經」的親切叮嚀，加上豐富的案例、專業的剖析，相信不論爸爸媽媽閱讀，還是讓家中孩子拿來看，都能得到津津有味、透入生命的內化成長哦！

祝福大家！

知名親子教育專家　吳娟瑜

/ 作者序 /

Making Great Kids Greater.
讓優秀的孩子更傑出

每個父母應該都會認為自己的孩子是最優秀的，我也不例外。

基於每個父母都認為每個孩子都是優秀的，所以，我也認同每個孩子都是優秀的。因此，我們要傳播的教育本質，就是認同每個孩子都很優秀，而且要讓每個優秀的孩子更卓越！

西元 1982 年，美國量子學習系統創辦人 Bobbi Deporter 女士把提升學科成績的加速學習方法，以及她在商學院所學的與人合作、建立良好人際關係的經驗融合，除了學習力與合作力之外，她再把為人根本的品格力加入，為孩子量身打造 SUPER CAMP（超人營）。

在此期間，她跟團隊夥伴訪談了財金五大企業的老闆及高階經理人，詢問他們如此成功的關鍵元素是什麼？最後總結出八項特質分別是：Integrity 誠正信實、Failure Leads to Success 失敗為成功之母、Speak with Good Purpose 好說好話、This Is It！把握當下！、Commitment 堅持承諾、Ownership 做自己的主人、Flexibility 彈性變通，以及 Balance 均衡一下。

至今三十多年，這套系統影響全世界八萬多個學生以及超過百萬的老師及家長，很榮幸在十二年前，我獲得創辦人的肯定與支持，取得華文版的獨家授權，並且取得創辦人的認同把孝順父母及樂於助人，這兩項華人特別重要的品格價值加入，成為我們最重視且最重要的品格金鑰「卓越十鑰」，創造品格與教養雙贏的價值，也創造企業永續經營的基本磐石。

簡單分述如下：

◆ Integrity 誠正信實

成為一個內在價值與外在行為一致的人。這顯示真誠不虛偽的優秀品格。

◆ Failure Leads to Success 失敗為成功之母

成為一個不要害怕失敗、不斷嘗試的人。因為失敗中提供了我們學習如何修正取得成功的訊息。

◆ **Speak with Good Purpose 好說好話**

成為一個用積極的方式說話，存好心說正向有幫助的話的人！要做到誠實和直接交流，重點放在說實話上，積極表述，保持正直。

◆ **This Is It ！ 把握當下！**

成為一個把注意力集中在此時此刻，全心投入的人。努力使我們正在做的任何事情成為最重要的。

◆ **Commitment 堅持承諾**

成為一個勇敢承諾，堅持完成承諾的人。堅定信念追求真理的能力。

◆ **Ownership 做自己的主人**

成為一個能夠控制自己並承擔責任，為自己行為負責願意承擔結果的人。

◆ **Flexibility 彈性變通**

成為一個為了取得期望成果而可以改變做事情方法的人，彈性變通讓我們做出最好的選擇來完成任務。

◆ **Balance 均衡一下**

成為一個思想、身體和精神都能均衡發展飽滿生活的人。

◆ **Respect Parents 孝順父母**

成為一個懂得感恩父母的付出，原諒父母的失誤，分擔父母的辛勞的人。

◆ **Willing to Help Others 樂於助人**

成為一個隨時隨地自願且不求利益的，在能力範圍內幫助身邊的人。

很開心有機會以這麼重要的卓越十鑰為主軸，將自己相關的經驗故事與讀者分享，更榮幸可以與我們華人成長之母——吳娟瑜老師合輯出版。我相信吳老師的親子教養實務經驗，再加上我的企業運營實務經驗，以及我們各自擁有幸福圓滿的家庭教育實例，都將為華人教育注入新思維，讓親子關係更和諧，也讓我們家長成就孩子的用心得以達成，讓孩子可以發展自己，不再受限過多壓力或過多挫折，真的可以讓每個優秀的孩子更卓越！

實踐家教育集團＆實踐家文教基金會董事長　林偉賢

CONTENTS

Integrity

您家中的孩子言行是否開始不一致了呢？表面上看起來乖巧聽話，背地裡卻盡做些陽奉陰違的事情？經常偷偷地說好朋友的壞話？在路上看到窮人，不僅不伸出援助之手，反而露出嫌惡的表情？

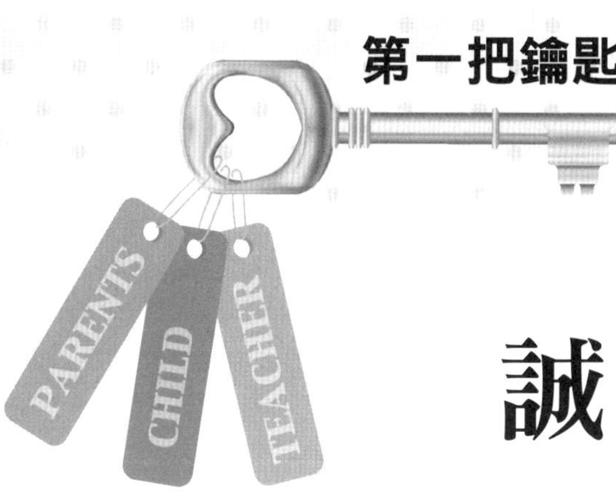

第一把鑰匙

誠正信實

爸媽都希望孩子聰明會讀書，在校成績名列前茅，未來前程似錦，於是付出極大心血在開發孩子的智力，反而往往忽視了品德教育。當孩子偏離了誠實正直的方向，即使有再高的成就，都將成為毀壞社會的老鼠屎；爸爸、媽媽，您的孩子品行端正、想法善良嗎？

誠正信實

Integrity

堅守誠正信實，並非簡單的事；正直的品格並不討好，甚至會容易得罪人。然而，當一個團體中的領導人做不到誠正信實，將毀壞其他良善的價值體系；當一個社會中的領導人做不到誠正信實，整個大環境將面臨崩解的危機。

如果期望孩子將來是一位領導人才，對團體、社會、全人類帶來真善美的貢獻與影響，那麼必須培養他有正直的思想、正直的行為。

法國大哲學家蒙田曾說：「最美好的事，莫過於正正派派做好一個人。」言行一致，說實話、做實事，雖然不是一件輕鬆的事，但卻是一件最正確的事，它肯定會帶給我們的生命數不盡的好處：友誼、信任、欽佩和尊重。

吳娟瑜媽媽經

身為誠正信實的人，外顯行為與內在價值觀能夠一致，表現出不虛偽的優秀品格；這邊便強調如何秉持由衷的行為，教導出真誠的孩子。

 誠正信實小測驗

以下有 10 個測試題，要問各位家長，你的孩子都做到了嗎？有幾項？如果得到的「Yes」太多了，表示孩子的品行欠缺誠實的態度。

所以，做為父母家長，我們要捫心面對自己，到底有沒有教對小孩？誠正信實是非常重要的。

- 同學桌上的橡皮擦，沒問過本人，會自行拿走？
- 尚未與手足好好溝通協調，就直接向父母親告狀？
- 曾經自行從家中大人的口袋或皮夾拿走錢財？
- 示意爸爸媽媽，對電話彼方的同學說：「我不在」？
- 教室裡的打掃、整潔事務沒認真做，卻在老師面前搶功？
- 曾經考試作弊、塗改分數，或代替家長簽名？
- 晚歸，卻捏造不實的理由？
- 欺負家裡的手足，卻辯稱對方先下手？
- 害怕當天的考試，偽稱身體不舒服、不想去學校？
- 不按照遊戲規則訂下的時間，3C 產品不停地玩？

 什麼是誠正信實？

父母應該在孩子的童年時期，就教導孩子正確的價值觀，因為具有品德的人，將來在社會上才能夠有立足之地。哪些價值觀是基本品德？我覺得「正直」與「誠實」皆是基本的品德，今天講到「誠正信實」，當然就必須首先提及這兩項要點。

正直的人，設身處地

所謂正直，指的是孩子秉持端正的思想，對就是對，錯就是錯；譬如說，沒有經過別人的同意，就隨便拿別人的東西，這樣的行為當然是錯誤的，但是沒有正確價值觀的小孩會辯解說：「我第一次要借有問過他，所以第二次、第三次就不用再問了啊！」父母這時候就應該教導孩子正確的做法，應該是每一次借用之前，都開口問一次。各種是非對錯、價值觀的判斷，應該從小孩成長的學習過程中就養成，這是非常重要的。

另外，一個正直的小孩，絕對不會逃避責任，而是勇於自己承擔；並且他能夠抱持著「利他」的思想，設身處地，而不是自私自利。

有位女士想買部白色福特車，她到了福特車店，業務員說：『請稍等，我一個小時後回來。』這位女士心想，既然這樣，就先到對面的雪佛蘭看看吧，她進了雪佛蘭展示間，說：『買車，是送自己生日禮物，今天是我 55 歲生日。』雪佛蘭的業務員聽了對她說：『生日快樂！』並請她先看看，出去交代一下，又回到展示間說：『夫人，既然您有空，我帶您看看雙門式轎車，是您喜歡的白色車子。』兩人正聊著時，秘書進來遞上一束玫瑰花給女士，業務員說：『夫人，祝您長壽！』沒想到女士為此感動地眼眶濕潤了，她說：『很久沒有人送我禮物了，剛才的福特銷售員一定是看到我開著舊舊的老車，以為我買不起新車，才忙著外出收款，其實我只要買一輛白色的車，並沒有非買福特車不可。』說完這些，她就買了雪弗蘭的車子，還開了張全額支票。

故事中，那一位貼心的雪弗蘭業務員，便是年輕的喬．吉拉德，也就是當今享譽國際的「銷售大師」。

喬．吉拉德與這位女士的對話過程中，完全沒有說到希望她不要買福特的車子，來買雪佛蘭的車，然而，女士在感受到被重視之後，自動放棄購買福特車，而買了喬．吉拉德的車。有些業務員會無所不用其極，想盡辦法打壓同仁，來創造自己的業績，但是吉拉德沒有這樣做，他很真誠的、很正直的去關心這個人，並讓她自己做決定。

我們在教育小孩的時候，同樣要告訴小孩：不必用勾心鬥角、諂媚對方，竭盡所能的方式想要業績，只要你的為人正直誠實，客戶是看得懂的，這個故事就是在闡揚端正品性的重要性，孩子也要學會這些道理。

誠實的人，勇敢說真話

這是現代父母很頭痛的問題，孩子為什麼愛講謊話？父母要如何教育出不說謊話的孩子？要如何教導出一個不講謊話的小孩？我認為有二個重要的因素：一個是「愛的安全感」，一個是「表達的安全感」。

一個孩子在家如果有「被愛的感覺」，又能夠有「表達的安全感」，確信自己與爸媽溝通時，不會受到責罵，不會受到取笑，不會受到侮辱，在這樣充滿安全感的環境之下，當然就會勇敢講真話了。萬一孩子們所講的真話，並不符合爸媽的教育理想，那麼，透過真話的吐露，父母至少能從中教會孩子正確價值觀，防患於未然。

某次我在高雄張老師基金會裡演講，一對冷戰中的父子接受我的協調，我讓他們在白板兩邊各別寫下對方的缺點，結果爸爸寫出來的是：固執、文靜（原本他寫了沈默，後來改成文靜）；而兒子寫下的則是：嘮叨、管太多，我問他管什麼，他說管上網時間、管睡覺時間。

透過這樣的模式，我看到一個爸爸在教養使不上力的情形，同時也看到一個兒子不懂爸爸約束的原因，雙方的關係迷路了。

當時，我用了一個很簡單的表達方式：「Feel 與 Need：講出我的感覺，說出我的需要」，讓雙方都能誠實地把內心的感覺說出來。

於是，這位爸爸說：「兒子，我不希望你上網得太晚，太晚睡覺，我會擔心。」這個孩子第一次聽到爸爸說擔心他，以前不懂，只是覺得爸爸嘮叨囉唆，然後爸爸又說：「希望你好好照顧身體，早早睡覺，該關機就關機。」爸爸說完，我問兒子：「你能聽得懂爸爸說的重點嗎？」他說：「知道了，我聽懂了。」孩子終於能夠具體聽懂爸爸的話。

反過來，我對這個兒子說：「你可以把你的感受講給你的爸爸聽。」他想了想，終於開口說：「爸爸，當你在催促我關機時，我會有壓力，我建議你用敲桌子的方式，敲三下，這是我們的密碼，我就聽懂了，我會趕快關機。」兒子也說出了他的壓力，說出他的需要；父子倆有了表達的安全感，以及愛的安全感後，兒子能夠誠實地說出埋在心裡的話，爸爸也可以具體細微地傳遞價值觀給孩子。

最後的結果是怎麼樣的畫面？各位猜猜看。

是的，兩個人互相擁抱，孩子很感動，爸爸也鬆了一口氣，用這樣坦誠以對的方式來教小孩，不是很棒嗎？

如何教導子女誠正信實？

要如何教導子女誠正信實？首先從書籍、影片，看一些成功人士的故事，讓孩子學到優良的品德，將來誠信待人，成就非凡。

勇於承擔的正直商人

說個親身聽聞的小故事；有個模具製造商的老闆，是我課程上的學員，某次，因為模具規格不對，客戶把整批貨退回來，他原本想，只要修一修就可以了，應該可以不用退貨，但是客戶堅持不肯收，他闡述此事時彷彿歷歷在目般地說：「當時，整個夜晚都無法入睡，一夜失眠，我終於體會到一夜白髮的感受，那股壓力太龐大了。」

想了一晚之後，他決定遵守信用，做人要誠正信實，既然模具的規格做錯了，就要負起責任，說話算話，客戶退貨就接受收回，所以他跟公司裡的業務、員工們說清楚情況，既然如此，這筆生意就是失去了，退貨事件讓他損失高達伍佰多萬，他難過地掉了眼淚，雖然如此，他還是繼續努力工作，帶領全體員工認真地為生活打拼。

半年後，當年這個退貨的客戶回頭來找他，並且帶來更多的訂單，賺回了比伍佰萬還要多的錢。客戶對他說：「老闆，因為當時你接受了退貨，沒有讓我難為痛苦，讓我向上頭有所交代，其實我心裡很感動，因為信賴你的人品，所以我找來了更多訂單，還希望請你幫忙完成。」

這個學員告訴我說：「吳老師，當初慘賠的錢，通通都賺回來了，甚至還多出了很多呢！」面對問題的發生時，如何做出正確的選擇，不以一己之利，讓他人蒙上損失，確確實實地為自己犯的錯負責，不害無辜者背黑鍋，太重要了。身為父母的人也要注意，當孩子們犯下錯誤時，我們要教導他們做出「正確的選擇」。

不昧良心的誠實小孩

當孩子懵懵懂懂地撿拾起地上的一張鈔票，不論面額是大是小，我

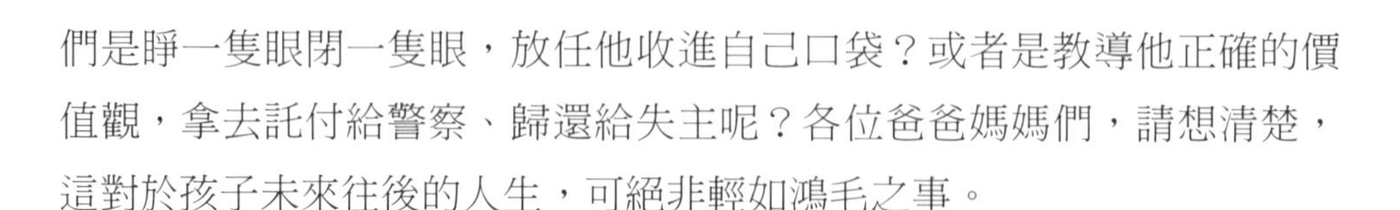

們是睜一隻眼閉一隻眼，放任他收進自己口袋？或者是教導他正確的價值觀，拿去託付給警察、歸還給失主呢？各位爸爸媽媽們，請想清楚，這對於孩子未來往後的人生，可絕非輕如鴻毛之事。

在美國有位爸爸帶著 11 歲的孩子，一起參加鱸魚節活動，比賽時間是 12 點整才開始，這位爸爸和孩子帶著釣竿提早來到比賽會場，看到那麼多鱸魚在面前游來游去，順手釣了幾隻。眼看釣上來的鱸魚都白白不算數，小孩的心裡好急，問爸爸：「我可不可以留著這些魚呢？現在是 10 點多，為什麼不可以提早開始比賽呢？」

爸爸告訴兒子：「兒子啊，你要沉住氣啊，現在才 10 點而已，距離比賽時間還有 2 個小時，參加比賽，我們要遵守遊戲規則，你要把抓來的魚放回去。」於是他聽了爸爸的話，把魚放回去。

長大以後，故事中這個兒子成為紐約的建築師，他確實謹遵爸爸的教誨，堅守做人做事要自律的道理，即便在沒有群眾的地方，也要做到對自己誠實，不偷雞摸狗、不投機取巧，做一個正直的人；也因為他的建材實在，安全度高，從未出過包，因此事業越做越成功。

親子之間的誠正信實

有一天，在演講會場裡面，有位媽媽提到，有次她發現小孩的暑假作業來不及寫完，於是她為了要催促孩子，就跟他說：「如果你在開學以前寫完作業，媽媽會帶你去麥當勞吃好吃的東西。」兒子聽到媽媽說要帶他去麥當勞，當然是拼命努力的寫作業，果真如期寫完了作業，於是向媽媽要求去麥當勞，媽媽知道兒子寫完作業了，只是「喔」的一聲，並沒有遵守約定，帶他去買麥當勞吃。

因為這件事，兒子經常向媽媽抗議說：「妳騙人，妳騙人！」這個媽媽問我說：「吳老師，孩子喜歡盧小小，我該怎麼辦呢？」我說：「孩子不是盧小小，孩子是妳的老師，他正在教導妳要做一個誠正信實的人，當妳開出的條件，他真的做到了，妳當然就要兌現承諾，帶他去。」

演講完後，這個孩子也正好進到會場來，我馬上把他拉到媽媽面前，說：「親愛的媽媽，妳要跟孩子說什麼？」她說：「兒子，開學前，媽媽曾經答應帶你去麥當勞，你做到了，我們現在可以一起去了，很抱歉，我當時沒有說話算話。」那孩子很不好意思地躲在媽媽的懷裡，母子之間的關係，因為良性的溝通與修正，就有了更好的基礎；那個孩子也留下了深刻的印象，一輩子記得，要誠正信實，不可以說話不算話。

當父母接起電話，大聲罵人的時候，轉身卻要孩子對待朋友要好一點，他又如何聽得下去呢？當我們答應小孩，天氣放晴要帶他去郊外踏青，或是考試進步，會送他獎勵禮物，既然答應了孩子這些事，是不是都有確實兌現？如果沒有，爸媽是否有向孩子道歉或是解釋？做一個說話算話的爸爸媽媽，孩子自然就會誠正信實。

誠實或者正直都是屬於自發性的。當你自己的內心擁有一把尺，可以來衡量自己的表現或行為，這個時候，你便已經擁有了基本的自尊心。

丹尼斯・魏特利（Denis Waitley）

林偉賢爸爸經

何謂「誠正信實」呢？組成「誠正信實」的便是「誠實」、「正直」、「信用」、「實在」這四項重要的特質：

一、誠實

經常聽人這麼說：「說一句謊話，要用另外一百則謊話來圓謊。」林語堂先生也曾經如此說過：「我從不說謊，因為我的記憶力不好。」意思是，如果他忘記自己說過的謊言，那麼在往後的日子裡，勢必得再講一個新謊來填補，這將會是辛苦的無盡循環。

在學校裡，學生們被教育「為人要誠實」，只有誠實的小孩子，才能夠獲得老師、同學、朋友之間的信任。

小時候，常常看到日曆、月曆上面印有「童叟無欺」之類的座右銘，所謂的童叟無欺，也就是「誠實」的概念。

近年來，為什麼發生了那麼多的食品風暴事件？為什麼那些企業的經營最終出了問題？例如：地溝油事件、餿水油事件……其實這些企業失去節操的例子，都是由於「不誠實」所導致的結果。

從社會的角度來看，對於一個剛踏入社會開始工作的人來說，誠實同樣是最基本的特質；而當我們論及對於各大企業的觀感，誠實就是評分的標準。商業上的「誠實」，與孩子成長過程的「誠實」，都是一模一樣的；如果自年幼就習慣說謊話，成年以後從事企業管理，很難經營出誠實的公司。在孩子的成長過程中必須是誠實的，那麼當他長大之後，也能打造出一個誠信滿滿的企業，獲得社會的認同。

二、正直

字典上對於「正直」的定義，指的是個人的道德標準與倫理標準。一個正直的人，他的品格是健全的，時時刻刻嚴守倫理信條，不論遇到了何種矛盾的情境，都不會貪圖便利而被輕易收買。

對於年紀尚幼的孩子來說，要做到正直並非一件容易的事，在小時候所堅持的正直態度，很少能得到認同。因為在小孩子的世界裡，一起冒險、一起患難、一起犯錯的朋友，才是好朋友，與其他人行徑不同的孩子，會被當成異類看待，難以受到同學的肯定。

譬如，當同學慫恿一起蹺課，或者是試圖一起作弊，如果拒絕了，似乎顯得標新立異，彷彿認為自己特別與眾不同，好像反而將自己孤立起來，容易受到同儕團體的排擠。雖然如此，翹課與作弊確實都是不正直的行為，我們還是必須教導孩子做個正直的人。

就如同那些美好的品德，正直始於家庭，爸媽可以給予孩子的最大禮物，就是強烈的「倫理價值觀」和「道德價值觀」。

用正直來鞏固內在價值系統，每個情況下都奉行正直的人生，代表這個人所說的話比一張擔保契約更具有價值。

父母應該教導孩子們，在決定做一件事情前，或者面對突發狀況時，請先捫心自問以下三點問題：

- 我是否「言行一致」？
- 我這麼做是否符合社會規範？
- 我這麼做會不會影響到其他相關的人？

阿里巴巴的創辦人馬雲，在他還很年輕的時候，有一天走在路上，發現有個陌生人正在偷水溝上的鐵蓋，當場就衝過去喝止他，阻止他的偷竊行為。少年的馬雲，與今日已經成立阿里巴巴企業的馬雲，都懷抱著一樣的信念——講求誠信，堅持做一個正直的人。

誠實、正直、信用、實在……等等美德日益缺乏，但沒有了它們，教育將淪於膚淺。這些特質在小的時期培養，雖然稱不上是容易的事，然而卻會成為孩子長大後，進入社會、經營企業時，最重要的資本。

三、信用

所謂誠正信實的「信」，既是信用，又是信任；在一個人的此生當中，最大的無形資產就是「能夠信任人」與「能夠被信任」；而最大的負債便是「不信任人」或是「不被信任」。

為什麼信任是一種資產呢？

當你可以與人彼此信賴，互通有無、借力使力，就不需要親自去做每件事，相信的人越多，自己才能越輕鬆；反之，如果你無法信任任何人，對於任何事，永遠親力親為、靠自己摸索，因此浪費了許多時間，是成不了什麼事的。不僅如此，若別人同樣無法對你感到信任，就沒有任何人會站在你這邊，那將會是何其辛勞的孤軍奮戰呢？

很多小孩子不習慣去相信人，這與成長的過程有關聯，有鑑於現在社會環境越來越險惡，充斥著綁架犯、詐騙集團，父母教育子女時，總會告誡說：「千萬不要輕易相信陌生人！」以致於害得孩子們緊張兮兮。

相較於古時漢朝時代「夜不閉戶」的風氣，社會的信任程度極高，在路上遇到有人問路，主動地上前去回答，甚至帶領對方前往目的地，都是很正常的事；現在的社會卻變了樣，倘若幫助一個不認識的人找路，稍微大意，都可能成為被綁架的受害者。

在孩子的成長過程中，某些發自內心的善行，原本是值得嘉許的行為，卻因為受到外在社會環境的影響，對的事，卻變成了不該做的錯誤的事，這是社會上一個「不得已」的現象。

然而，我們不能因為考慮孩子的人身安全等問題，因噎廢食，而抹煞了孩子那些單純的動機、良善的行為，讓孩子自掃門前雪，成長為一個疑神疑鬼、自私自利、不願意互相信賴的人，這對整個社會環境來說並不是一件好事，唯恐加重整體社會的各種亂象。

父母教育小孩，仍然要讓孩子對世界、對身邊的人群懷有信任感，不要讓一個人對於社會、法律、制度的基本信任能力都消失了，具有「信任的能力」才能夠組織並擁有團隊，號召許多人一起努力打拼，路才能走得更長久。

四、實在

實際、實踐、踏實，都屬於「實」的範疇。

我們應該要從小教導孩子，做人處事必須要腳踏實地，不能只講求速成、愛好投機取巧，更勿走捷徑、歪道。

其實，有些父母在教育子女時，並未做好榜樣，拉拔孩子也講求速成，例如：撒錢讓孩子唸名校、進補習班，認為從此就萬事沒煩惱了；

殊不知孩子靠著死記、硬背，短期內也許能把分數衝上去，但並不見得掌握了真正的實力，考完試馬上就忘光光。

又或者孩子會讀書，考試都拿 100 分，卻是個與社會脫節的生活白痴，這樣的例子是大有人在；曾經有這麼一則新聞：有位在校成績表現並不差的孩子，拿著一把雨傘，以為可以把雨傘當做降落傘用，自樓頂往下一跳，就這麼離開人間了。這樣的案例，讓社會大眾聽了不勝唏噓，孩子會讀書，並不代表他足夠成熟。

這是現代教育一個很大的問題，父母只關心孩子的「成績」，而忘記關心孩子們的「成長」；只注意到成績表面的「數字」，卻沒有兼顧到學習的「素質」。結果，這種速成不實模式教育出來的，僅僅會是個與爸爸媽媽同樣勢利眼的空殼。

二年多前，在美國發生了一件小孩的自殺事件，這個孩子的功課成績向來都很優秀，例如 SAT 考了極為罕見的滿分，但是他申請美國最頂尖的學校都被拒絕了，為什麼呢？因為他除了功課成績好，在其他方面可說是一竅不通。捱不過打擊的他，甚至選擇了結自己的生命。

以美國人的教育來說，並不僅僅要求孩子有好成績，而是希望他們長大能為社會服務、貢獻能力，對於未來有自己的看法。

而台灣的父母不是這樣，很多爸媽只知道逼迫孩子不斷的讀書應付考試，壓榨出好分數，好像有了高分數，等於一切都很優秀了；只注重

分數，其他都是其次；孩子所認識的牛，是從課本上學習來的，而不是跟在牛隻旁邊，一起長大的。

一心一意想著要速成的父母，認為考卷上的分數就是最好的速成方法、考卷上的分數便是未來社會地位的表徵，這些都是錯誤的觀念。

孩子若只會讀書，不懂得實踐，也是沒有用；我們鼓勵孩子來參加超人營（Super Camp），孩子們在營隊活動之中所得到的知識，並不是由學習營裡的老師灌輸給他的，而是以引導的方式，讓孩子自行發現、自我體驗，透過體驗和發現的方式所得到的知識，是印象特別深刻的，一輩子都難以忘懷的，也是最為實實在在的。

例如，如果大人指著爐子上的熱鍋，對孩子說：「那個鍋子很燙，不要碰它。」不聽話的孩子還是會去碰。

然而，他被燙到痛了，或者是手上燙出了一道清晰的疤痕印記，就讓他永遠記取這次經驗，再也不會去碰熱鍋了。所以，很多事情都必須讓孩子親自去做過，最後獲得的成果才會是最真實的。

累積孩子的「誠正信實」帳簿

孩子牙牙學語時期便已經開始展現的態度和信念，如同行為規範、家常對話一樣，初期時如履薄冰，但是經過多年的練習，便會產生堅不可摧的根基，宛如纜繩一樣束縛和強化我們日後成年人生的性格。

小時候所學習的「誠實」、「正直」、「信用」、「實在」，長大以後，出了社會勢必會派上用場；成長過程的十把卓越的鑰匙，亦會變成將來我們在商業社會卓越的十把鑰匙，它們是一模一樣的。

同場加映小故事

以海爾集團（中國最具規模的家電製造商）的崛起為例；早期中國製的家電並不被肯定，品質粗糙、仿冒山寨……問題很多。某次海爾生產了一批電冰箱，其中有 76 台是有瑕疵的，在當時低所得、民生苦的年代裡，製造商對於品質要求並不高，有一點點瑕疵，通常不會選擇棄毀掉，而是降價便宜賣，或是自己出錢購回；但是，海爾的創辦人張瑞敏先生說：「多年以來，中國製的產品（Made in China）為什麼在國際舞台總是被看不起？都因為國人這種因循苟且、得過且過的心態。」

於是，他一聲令下，把 76 台有瑕疵的冰箱移到室外廣場，要求生產這批貨的相關員工，拿鐵鎚親手敲毀自己的血汗結晶，絕不讓瑕疵品外流。這代表一個決心：「無論消費者是否知情，我們都得要注重品質。」

經過教訓之後，海爾集團大翻身，甚至成為國際上數一數二知名的製造大廠商。可見不應只關注表面數字，更應該重視素質、重視成長，如果孩子小時候就能懂得這件事，成年以後格局才會大，才不會狹隘地追求表面華麗，表面地應付顧客，卻忽略品牌價值。

在日本，也曾有過類似的故事：二次大戰過後的日本，一切凋敝，窮苦至極，連養家糊口都有困難，製造出來的東西能賣就好，哪裡還管品質？當時，美國系統專家戴明博士來到日本，告訴日本人「用品質來換糧食」，日本人將話聽進去了，即使再窮，還是認認真真地把品質做好；他們對品質的重視態度一直堅持到現在，只要是日本製造（Made in Japan）的產品，人們必定對其品質深具信心。

日本的雪印集團，曾經有一萬多個員工，乳製品占有日本市場的

60%，是全國最大乳製品公司；但是歷經了接二連三的奶粉中毒事件及假牛肉事件，幾起造假事件連續曝光，在短短幾個月之內，雪印公司只剩放棄招牌一途，最後仍是以解散收場。

由此可見，誠信是多麼嚴肅之事，日本是一個相當強調品質、講求信用的地方，品質出了問題，就會產生連鎖效應，更多問題接踵而至。

再如紅透半邊天的那些新聞：2014年日本豐田（TOYOTA）發現某型號的車子有瑕疵，全部召回；2016年韓國三星（SAMSUNG）出品的Note7手機，驚見爆炸疑雲，全數召回。

為什麼這些公司要這麼做？因為品質、信用、信譽，都是一個企業最重要的價值！企業失去信用，就等於失去了一切，被貼上不誠實、品質造假的標籤之後，企業瞬間沒有了地位，合作對象紛紛遠離，顧客亦唾棄你的產品，可見維繫商譽是多麼重要。

所以，要培育孩子有「誠正信實」的觀念。

「誠正信實」看似不是實質的金錢，卻是金錢背後的秘密；從表面上來看，教導孩子誠正信實，似乎與金錢無關，應該是學業分數高，爬得高，將來才能當個有錢人，事實上，並非如此；其實「你就是錢，錢就是你」，若孩子的一生是本儲蓄帳簿，在這個帳戶中儲存正直、誠實、信用、實在，累積越多，孩子的財富就越多，孩子的基礎能力培養得越好，皆是養成未來財富的秘密，在未來都是能夠變現的。

正直的原則，是在面臨巨大的社會壓力時，仍能捍衛你的信念；誠信的原則，就是給予他人應得功績，不害怕別人有更好的意見，或比自己聰明。

丹尼斯．魏特利（Denis Waitley）

Failure Leads to Success

下象棋輸給了兄弟姊妹，就打翻整桌棋子大發脾氣；不肯學騎腳踏車，是因為害怕跌倒會被別人嘲笑；為避免因為犯了錯而遭受責難，做錯事老愛隱瞞家人不承認；上述這些情形是您家小朋友的寫照嗎？

第二把鑰匙

失敗為成功之母

不少孩子的得失心極重，有完美主義的傾向，參與了就一定要勝利，面對挫折選擇悲傷、逃避、遠離，甚至站得遠遠的，鬧起彆扭，再也不願意加入。爸媽不容許失敗的態度，會造成孩子受挫力的低下；當孩子做不好，您有柔聲開導，讓孩子坦然面對生活中的輸、贏嗎？

失敗為成功之母

Failure Leads to Success

愛迪生發明電燈的過程中，有人嘲笑他總共歷經1999次失敗，問他說：「你是否還打算嘗試第2000次的失敗呢？」愛迪生答道：「我不是失敗，我是發現了1999種做不出電燈的方法。」

失敗者與成功者的區別，並不是在於失敗次數的多寡，而是在於失敗之後，面對失敗的態度及行動；失敗是激勵成功者的重要因素，但是，它同時也會讓失敗者更加受挫，甚至徹底被擊垮。

處理失敗的模式，往往決定了我們一生的命運，能悟透「失敗為成功之母」的人，才明瞭「修正為成功的方向」。

吳娟瑜媽媽經

「失敗為成功之母」意指別害怕失敗，因為失敗會提供我們取得成功的訊息，這層道理人人都懂；然而，在華人的世界裡面，對於失敗仍舊很難接受，談及「失敗」，就會與「失落」、「失去」、「失掉」等等詞彙聯想在一起，所有的「失」，都給人一種lost（輸）的感覺，彷彿失敗者必定會成為loser（輸家）。

為什麼要害怕失敗？

「為什麼要害怕失敗？」這是一個反問句，大部分的人都害怕將事情搞砸，卻很少捫心自問，那股害怕的感受是由何而來的。我認為一般來說有三種因素：

來自祖先的恐懼

從小，父母親就對我們千叮嚀、萬叮嚀：「你一定要獲得成功」、「你可千萬不能失敗」、「你將來要光宗耀祖、光耀門楣⋯⋯」以這樣子的說法，來敦促孩子們未來非成功不可。

我們也曾經接觸過很多的電影故事、小說故事，故事中的主角威震八方地步出城門，瀟灑地向後甩頭，瞥了家鄉最後一眼，說出：「十年之內，我一定會在外闖出自己的天下，如果沒有，我就不回來。」這類豪邁又霸氣的台詞，於是策馬揚鞭，奔馳揚長而去。

這些故事都彷彿在告訴我們，成年以後去外面闖天涯，如果沒有闖出什麼名堂，就無顏見江東父老；再加上長輩們對於成功的定義一般是：「成大事」、「立大業」、「做大官」⋯⋯等等，當上一代用自己的價值觀在界定孩子的成功，子女往往承受著龐大的壓力。

一部分客觀的父母已經想通，重新修正了對成功的定義，不再將「成大事」、「立大業」、「做大官」的高帽子加諸孩子頭頂上，因為在這競爭越來越激烈的年代，孩子承擔不起；現代的父母退而求其次，處在底薪 22k 的壓力時代，不再奢求孩子月月俸上養老金，只希望子女能夠好好賺錢，養活自己，有一份可以支撐未來的收入，不當賴家王老五，不做偷拐搶騙的事情，不讓上了年紀的爸爸媽媽操心即可。

有的孩子，發現在職場上闖蕩如此辛苦，老闆會壓榨人、客戶會欺負人、同事間爾虞我詐，就辭職回家待著，一開始爸爸媽媽心想，多一雙碗筷也不算什麼，沒想到孩子賴在家吃飯，吃著吃著，一缸米都快被吃光，還是不肯投履歷找工作，於是造就出了不知自立的「啃老族」。

現代的父母應該有「兒孫自有兒孫福」的觀念，勿受到來自祖先的恐懼驅使，擔心後代子子孫孫不夠成功，於是千方百計要求孩子賺大錢，但是自古「富不過三代」，存款越多，留下來的財產越是多，孩子往往越是無能，將造就後面的夢魘。

社會上醞釀的氣氛

社會上也充滿著這類型的口號、標語：「出人頭地」、「力爭上游」、「邁向顛峰」，字字句句施加了很大的壓力在孩子身上。

翻翻雜誌、翻翻書籍，大部分都在鼓勵讀者要成功，千萬不要變成一個失敗者，對失敗者通常是充滿排斥的，帶有瞧不起的意味，時時提醒大眾遠離「魯蛇（loser）」，避免遭受牽連，受到負面影響。

我們都忘記了，生命本是由大大小小的失敗組合而成的，失敗也是生命的一部分，甚至可以說是最重要的一個部分。

與其計較成敗，不如向前看；失敗並不可恥，該如何從失敗中找回信心，挖掘出寶貴教訓，推理出逆轉勝的方法，才是關鍵。

個人意識上的選擇

綜觀了以上兩點，因此便歸納出了第三點：人之所以害怕失敗，孩子之所以害怕失敗，都是個人意識上的選擇。

因為在家庭裡、社會上有了「成功」與「失敗」的標籤，孩子也變得容易替自己貼標籤，恐懼自己若做得不好，身上就貼有「失敗者」的標籤。尤其是那些愛比較的父母，教育小孩最喜歡說：「你看，隔壁的王小明數學都考的比你高」、「妳看，妳的表姊考試常常得第一」類似這些比較的話語，聽多以後，小孩往往就產生一種比較心態，首先是被大人們做比較，然後自己也習慣與別人做比較，人云亦云，最終背負的壓力越來越沉重，對失敗也越來越恐懼。

什麼是成功的定義？

從前的成功是考取功名，做上大官，賺很多錢，光榮返鄉……，隨著時代條件的不同，社會對於成功應該要有新的定義，把標準往下調整到一個平衡點，孩子才能健康快樂的成長。我認為，只要我們的孩子能夠成為一個「有用的人」，即是成功。

養活自己

首先，孩子要懂得想辦法養活自己，而不要一直打「伸手牌」，沒完沒了地跟老爸、老媽要錢，拿不到錢還老羞成怒，在家裡大吵大鬧，揚言斷絕關係，這種子女可是非常要不得的。

對社會有貢獻

第二，在懂得自力更生以後，還要當一個對社會有貢獻的人；對社會有貢獻，不見得是要年捐數萬元，再小的貢獻，只要是對社會有幫助，都是貢獻，千萬不要反而變成社會的負擔。

舉凡偷、拐、搶、騙，或者是殺人、放火、吸毒、飆車、酒駕……等等，製造社會上的混亂與恐懼，這些不良陋習不僅對社會無所貢獻，甚至還加重社會的負擔，那麼將讓生養自己的父母蒙羞。

對全人類有幫助

究竟如何對人類有所幫助呢？不見得是喬裝成超人二代、蝙蝠俠二代，飛簷走壁、打擊犯罪；其實，也許是你的個人生活、你的思維模式、你的行事作風，當你的種種好行為可以做為周邊人的楷模、社區群眾的標竿，那麼你已經是一個有用的人了。

所以，成為有用的人一點也不難，只要孩子能踏踏實實、堂堂正正、充滿善意的過生活，那麼即能走出成功的人生道路。

怎麼訓練小孩不要害怕失敗？

希望給予孩子面對挑戰的勇氣，父母在教育的過程，要訓練孩子的耐挫力、反省力、執行力；爸媽如果懂得陪伴孩子去處理他的挫折感，一步一步把這三個能力訓練起來，那孩子便可以把自己最優質的那一面表現出來，成為對社會有貢獻、對人類有貢獻的人。

耐挫力要夠

無論是考試沒考好、同學有爭執、比賽表現差……等情形，當孩子感覺自己很丟臉，沒有盡善盡美的發揮時，父母千萬不要說：「這又沒什麼，你就下次小心一點就好。」表現得滿不在乎，或者是說：「看到了吧？誰叫你沒有準備夠。」在傷口上撒鹽巴，而是告訴他：「我們來討論一下，檢閱看看是哪邊沒做好呢？」

反省力要夠

安撫完孩子受挫的情緒後，父母要帶領孩子去反省，找尋出失敗的癥結點，以及找尋出重新站起來的答案；一個有反省習慣的的小孩，會知道下一次要怎麼做，才能減少屢犯、遠離失敗。

執行力要夠

孩子的執行力亦很重要，當小孩在嘗試的時候，父母千萬不要潑冷水：「你看你看，你就是做不好」、「你看你看，我就知道你會失敗」那些冷言冷語，將會打擊孩子挑戰困難的積極性。

讓孩子自己從頭到尾做一遍，徹底執行，當他完成以後，即使成品不如大人做的完善，至少孩子會覺得很有成就感，並且容易在失敗過程中學習到經驗，一次又一次更加靠近成功。

吳老師的挫敗經驗談

當初，在我的中學時期，因為我的台灣國語不正統，老師從來不會點名我去參加演講比賽，我經常透過窗戶觀看教室裡的比賽，心裡非常羨慕，欽佩每一個演講者。當時，有一株小芽在我自己心裡默默萌發，我心想，如果有機會讓我站在台上演講，不知道該有多好。

後來，學校居然真辦了一個自由報名的演說比賽，我把握千載難逢的好機會，替自己報名。殷殷期盼比賽的到來，當天我興沖沖地上台，滔滔不絕地完成了我的演講，殊不知演講快結束時，我居然引起哄堂大笑，我嚇了一跳，全然不知道發生了什麼事。

下台以後，同學告訴我：「吳娟瑜，妳剛剛講錯了啦！妳怎麼說『我們要犧牲大我，完成小我』？照道理應該是要講『犧牲小我，完成大我』才對！」我一聽，才知道自己說錯話，眼淚差一點沒掉下來，我怎麼會在臨門一腳的時候，講錯話，讓自己失敗呢？

但是，這個挫敗經驗，並沒有讓我打消演說的熱情，我努力地修正自己，透過演講失敗的經驗，一次又一次地改變，絕不放棄，現在甚至以演說家為業，因為我的終身目標就是「把好的影響，分享給更多的人」，所以我在專業領域要不斷地進步，在態度方面要真心誠懇，把最棒的生命訊息，分享給更多人，這就是我在失敗中找到成功密碼的經驗。

如何教導子女從失敗中站起來？

世界上有很多成功的知名人物，他們的成長過程都嚐過不少敗北的滋味，威爾許的故事，即是美國人教育小孩最好的借鏡：

威爾許高中時期參加曲棍球隊，擔任隊長，某場比賽，威爾許與敵方球隊不斷地拉鋸，最後對方進了一球逆轉勝，他們則以一球之差敗北。

怒氣沖沖的威爾許，把球棍摔在場地上，頭也不回地逕自滑到休息室，此時休息室坐滿了球員，大家都在換衣服、換冰鞋，眼見怒上眉梢的威爾許闖了進來，全部的人屏住呼吸，沒有隊員敢作聲。

這個時候，休息室的門「蹦」的一聲被撞開來，威爾許的媽媽衝進來，抓住他的衣領叫道：「你這個窩囊廢！」她大吼：「輸了比賽就摔球桿，你這是什麼態度呢？如果你不曾嚐到失敗滋味，那麼你就不懂得如何獲得成功！如果你承受不起任何失敗，你就不要來參加比賽！」

在眾人面前如此劈頭痛罵，對於威爾許來說，是多麼有失顏面的一件事；然而，威爾許長大之後，常說：「我很感謝媽媽，她是這輩子影響我最深的貴人，她教會我競爭的價值，教會我如何面對勝利的喜悅，以及前進過程中必然會面對可能的失敗。」

威爾許後來成為美國跨國大企業GE的最年輕董事長與首席執行官，他每一天都在改革、創新，把企業文化經營得非常有朝氣。

不僅僅是威爾許，就像是國際大導演李安先生，也有著鹹魚翻身的人生故事；曾經，他四處求職、四處碰壁，得不到一個好的回答，直到35歲，李安的履歷表仍然相當難看，沒有半個正式的工作經驗，從社會大眾的角度，想必會認定這是一個註定的失敗者。

然而，李安忍辱負重，不在乎外界惡意評論，堅持拍出好電影的最棒理想，終於捱過了低潮，如今的成就無以計量。

所以，這也證明了，當孩子感受困苦的時候，其實正是磨練他們的大好機會；正因為歷經了失敗，才會跟成功更靠近。

甚至，沒有過失敗經驗的人，無法體會成功的珍貴，當孩子不稀罕成功，對於成敗絲毫不在意，那才會有更多不良的後遺症。

從古至今，這樣子的小故事、小例子不計其數，都是爸媽用以教導小孩最棒的借鏡。

當人們開始懷疑你，絕對不可能會贏得比賽時，你朝向眼前的挑戰努力前進，帶著發自內心的某種力量，逐步邁向成功，然後你明白這股力量，重新激起你隱藏在深處的渴望。

丹尼斯．魏特利（Denis Waitley）

林偉賢爸爸經

在孩子的成長過程裡，我們會教育孩子很多老生常談的道理，像是列舉國父孫中山十次革命的故事，告訴孩子「失敗為成功之母」。

愛他，就不要代替他

有些長輩發現孩子學不會時，會立刻出馬動手替孩子做，但是，當大人取代小孩去執行，孩子只看到大人完成了，卻不知道過程是如何進行的。當孩子失去一個又一個親身嘗試的機會，同時也失去動腦思考、解決問題、消化情緒等方面的能力。現代孩子對於失敗的容忍度、調適力較差，尋根究底，多半是因為他們在一個被寵溺的環境中長大。

譬如，孩子正在學騎腳踏車，跌倒了幾次之後，父母看了不忍心，就說：「算了，算了，我載你就好！」父母載了他，孩子還能學好騎腳踏車嗎？不會的，他無法再次上車練習，也就永遠不會騎腳踏車了。

父母因為害怕孩子受傷、害怕孩子沮喪、害怕孩子受挫，因此取代孩子去完成事情，這絕對是錯誤的舉動；為了避免孩子一時的受挫感，什麼都不願意讓他嘗試，恐怕只會讓他成長為心靈脆弱的無能之輩。

一定要讓孩子自行處理困難，他才能夠累積足夠程度的失敗經驗，從中挖掘出自己失敗的原因，進一步知道如何承擔、改善自己的缺失。

常常讚美孩子「你好棒」、「你很厲害」、「你做的很好」……對不對？當然是對的，父母的鼓勵是小孩的精神糧食，是孩子成長過程中的自信來源；不過，如何教會孩子在失敗中越來越進步，才是父母最大的課題。

失敗不是失敗，失敗是挑戰

跌倒時，我建議先改變說詞，把「失敗」改成「挑戰」，聽到「失敗」、「挫敗」時，絕對會感到沮喪、難受，而聽到「挑戰」時，反而會積極振作，此時一個人所呈現的態度就完全不同了。

重新爬起五部曲

遭遇挫折時，可以運用五個步驟，重新站起來：一、了解挑戰；二、接納挑戰；三、肯定挑戰；四、喜愛挑戰；五、發展挑戰；從挑戰中，另外發展出正面積極的力量。

以我自己為例子，我年輕時候沒有好好唸書，小學的成績尚可，中學也勉強及格，高中就自我放棄，大學四年級就被退學了。

但是我沒有把失敗當失敗，而是把失敗當做「挑戰」，並且利用「重新爬起五部曲」，開始探索人生新方向。

■ 了解挑戰

大學四年級被退學時，我明白自己為什麼會被退學，因為我花太多時間與精力在副業上，參與學校社團活動、於校外救國團做志工、 帶營隊……，甚至翹掉上課、翹掉考試，以致於沒有把我的課業（主業）做好；沒有付出時間、沒有付出努力，被退學就成為理所當然的結果。

有些孩子遇到困難時，只要撒個嬌、鬧個脾氣，爸爸、媽媽、爺爺、奶奶便想盡辦法達成他的願望。

當孩子被過度地寵溺，要糖有糖，要錢有錢，要什麼有什麼，來自長輩的資源太過豐富，自然會認為一切獲得都是理所當然，於是他沒有機會去認識「挫敗」，更沒有機會去學習接受「失敗」。

長大後進入職場，孩子會發現社會與家裡不一樣；想要拿到一份獎勵，必須辛苦打拼、拿出好的成績、自己爭取最頂端的位置，所有的收穫都必須經過努力，並不是開口就能擁有，更多東西是有錢也買不到的。

■ **接納挑戰**

我知道我被退學的原因，同時也接受了被退學的事實。

孩子經常無法接納挑戰，最常見是基於情緒過不去，然而，當我們花費時間在情緒中翻攪時，就遲遲無法解決問題。

跨越情緒這一關，接納面臨的挑戰，才能去突破它；如果好朋友選擇離開，不再繼續與我們友好，眼見沒有轉圜的餘地，那麼，我們必須「接受」這件事實，而不是反覆打轉，一直怨懟：「我明明對他很好，為什麼他不喜歡我？為什麼他不跟我玩？」

不願意「接受」事實，就使得你離不開原地。

■ **肯定挑戰**

如同我的故事一樣，心平氣和地接受被退學之後，我跟自己說：「這個時候被退學，一定是有什麼要啟發我，代表我需要有所改變，我要更善用這段時間，努力把學業做好。」我肯定這個挫折的正面意義，認為它是來提醒我——在未來的任何事情，出社會工作時，都切勿再因為不專注目標、不專注在本業上，而造成重大問題和損失。

我們要「了解」挑戰，「接納」挑戰，然後要「肯定」挑戰。

■ **喜愛挑戰**

大學時期被退學，我苦中作樂地告訴自己，別人讀大學都需要四年，我卻只花了三年半，比別人早一步出社會賺錢，真是幸運。

有的人會質疑，挫折就已經夠難熬了，還要我去愛上它？這是一個最困難的部分，卻也是最需要學習的部分。事情總是會有一體兩面，既然它無可避免地發生了，我們必須去找出它另一面的價值，將眼光放在對自己有意義之處，這就是「喜愛挑戰」的方式。

■ **發展挑戰**

雖然我被退學了，但是由失敗中吸取經驗、吸取教訓；現在我在商業模式的領域裡，繼續努力地打拼，我憑藉這項專長，能夠擔任北京大學商業研究中心的副主任；我憑藉著對於商業模式的認知、對大數據的研究，而成為東吳大學巨量資料管理學院的講座教授，這樣子的頭銜，已經具有一定的學術地位。

以前，我沒有好好讀書，所以發生被退學的事件；現在的我，是一位老師，從事教育方面的工作，在海、內外都有自己創辦的學校，成為比原先設立的目標更不一樣的教育工作者；東吳大學今年聘用了幾位客座教授，包括了前總統馬英九、前行政院長張善政……等人，而我也拿到了東吳大學的講座教授聘書。

挫敗乏善可陳的人生，反而是枉費此生的；當遇上失敗時，只要能夠將其轉換為「挑戰」，並且將挑戰好好地發展，它就能變成成功的跳板，幫助我們躍上未曾預料到的高處。

重新設定目標的意義

每每回想自己「失敗的故事」，都讓我有所感慨。

父母並不是要盲目地告訴孩子說：「只要你重新爬起來，一定會成功的！」當然，每一個成功故事的背後，絕對少不了時間的累積、加倍的努力，這期間需要強而有力的目標作為支撐。

所以，當一個人遇到困難點，重新設定目標是很重要的關鍵。

當年，我被退學，與自己立下約定：「將來，我想回來當教授，並且希望能回到學校接受表揚。」其實，當年所設定的目標，聽起來是很離譜的，一個退學學生，怎麼可能回來當教授？然而，去年我接受了東吳大學傑出校友的表揚、今年我果真成為了東吳大學的教授，這兩個目標，經過了29、30年之後，我還是都做到了。當年我被退學，如今我當教授；當年我被退學，如今我回去接受表揚傑出校友。

同樣地，孩子遇到困難時，建議他去設定一個更高、更了不起的目標，告訴孩子「這個點，就是你超越自己的點」；意思如同「從哪裡跌倒，就從那裡爬起來」的道理；過去失敗的「點」，就是未來成功的「點」；每一個遇到困難的「點」，那是你重新設定目標的最好「起點」。

所以，遇到任何失敗，記得這五個步驟：了解挑戰、接納挑戰、肯定挑戰、喜愛挑戰、發展挑戰，給自己一個機會，持續努力，努力再努力，投入再投入；這些步驟會讓我們再次往上前進，並且走得更順利。

用失敗經驗處理下一次失敗

我年少時代被退學的失敗經驗，對於我進入社會是否有所幫助？答案是有的；22年前，我與朋友一同創業，風風雨雨經過4年，我們徹底失敗了，這次的失敗裡，我一樣是藉由這五個步驟，去處理挑戰：

■ **了解挑戰：**

我之所以失敗，主要是礙於過分重視與信任人與人之間的情感，卻小看了商場上遊戲規則的重要性。

■ **接納挑戰：**

我接受了失業、破產的事實，而不是無病呻吟、喝酒、吸毒、自我放棄。「接受」是具有力量的，它是所有成就的來源。

■ **肯定挑戰：**

我相信因為情況的發生，我有幸能停下腳步，重新思考反省，否則以前總是忙得像陀螺一樣，沒有機會走得更遠更好。

■ **喜愛挑戰：**

當我接受事實以後，用正面意義解讀它，負面的情緒就無法在此時發生任何作用力，於是便能轉念愛上挑戰。

■ **發展挑戰：**

我曾經是一個在事業上失敗的人，現在我所從事的工作，卻是在幫助別人創業；一個創業失敗者，利用你從中學的東西，有了更好的能力，一旦成為成功的創業者，再回過頭來，可以幫助更多人創業。

今天我能夠在兩岸四地、東南亞 10 國等 14 個國家，成立了 30 多個創業的「孵化基地」（在台灣地區則稱為「育成中心」），從一個創業的曾經失敗者，到可以把創業做得成功，這都是從當時的創業失敗之陳年經驗中，延伸、發展出來的力量。

蘋果電腦聯合創辦人之一的賈伯斯（Steve Job）先生，當年以女兒名字命名的「麗莎電腦」，價格高、開發速度緩慢，導致銷量非常慘澹，最後，沒有銷售出去的 2700 多台的麗莎電腦，直接送入垃圾場……，這是賈伯斯最初創業首次嘗到的失敗滋味。

賈伯斯歷經了多次的失敗，仍然繼續嘗試，於是走到了今天的地位，「Apple（蘋果）」已經是世界知名、具有極大影響力的品牌，甚至成為很多行業標準的製造者。如果當年他因為第一次的失敗就此放棄，也就沒有後來一台又一台發展出來的熱銷產品了。

失敗並不可怕，可怕的是在失敗之後，沒有去探究失敗的原因，沒有去針對原因做修正；蘋果電腦一開始拒絕做小螢幕的 ipad，之後還是做了修正，推出 ipad mini；本來拒絕推出大螢幕的 iphone，後來也推翻自己，從 iphone 6 起，就是大螢幕了。

失敗的真諦：修正錯誤

從地球發射火箭到月球，火箭飛向月球的過程中，只有 3%的時間，是在朝向月球的正常軌道上，另外的 97%的時間，都是在不斷的修正航行的軌道。「失敗為成功之母」、「修正為成功的方向」，從失敗中可以找到更好的方法，發現原先堅持的事物，有問題、有麻煩，不被採納、不被接受，這些狀況都沒有關係，人類最偉大的價值，就是在於我們懂得修正，走偏了，像火箭一樣，將自己拉往成功的方向，再繼續往前走。

日本製的產品享譽國際，可以說是品質保證的代表，但是你知道嗎？世界上有很多產品，其實不都是日本人創造的，例如：第一台機器人並不是日本發明的，可是目前最適合人類使用、最具有學習能力、情感辨識功能的「PEPPER」（由日本軟體銀行、鴻海郭台銘、以及阿里巴巴共同投資生產），卻是來自於日本國。

日本民族擁有一種挑戰失敗的堅毅精神，無論最初是本國產品，或者是他國產品，當其他公司放棄時，日本企業卻能將原有的東西加以修正，不斷地改善、改善、再改善，不以第一階段的產品做為最終端的產品，日本企業強調改善的重要性，即使不是一開始就做到最好，也有辦法在透過再三修改之後，做出品質最佳的產品。

教養孩子也是同樣的，譬如孩子學不會游泳，只要能「了解」為什麼游不好，可能是太緊張了才會嗆到水；「接受」暫時不會游泳的事實，「接受」心裡太過緊張這件事情，並且適當地原諒自己；然後「肯定」緊張是對你好的，可以避免跳到水深的地方發生危險；要「愛上」這次的失敗，它讓你歷經了一次緊張的經驗，才有機會從學習不緊張；適度調整、輕鬆「發展」，將來一定可以游得更順暢。

不管是做為一個讀書的學生，還是做為一個經營公司的創業者；做為一個學習成長的孩子，還是做為一個教養孩子的父母，都是一模一樣的道理。理解失敗是生命中的必然，了解、接納、肯定、喜愛，發展它。

在你心中的信仰支持著你，你趨向圓滿，並改變你自己趨向圓滿，然後重新取得人生的發球權；你走向圓滿，並想要再次嘗試圓滿與勝利的滋味。

丹尼斯．魏特利（Denis Waitley）

Speak with Good Purpose

您的小孩用詞犀利、字字見血，卻不懂得體恤聽者的感受？您曾經因為孩子口中冒出「屁股」、「吃大便」、「大笨蛋」...等等不雅話語而大發雷霆？您是否一直很煩惱，孩子難溝通、愛頂嘴、語帶攻擊？

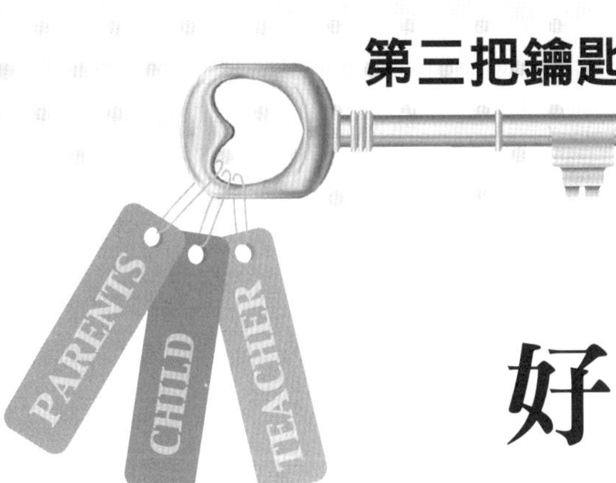

第三把鑰匙

好說好話

言教不如身教，孩子的學習從模仿開始，要孩子學會「好說好話」，爸爸、媽媽就必須示範如何「口說好話」；好的話語，確實會讓孩子產生正面能量，心中感到快樂，對自己充滿信心，遇上種種磨練都能夠勇敢面對；想一想，您今天對孩子說好話了嗎？

好說好話

Speak with Good Purpose

話語本身是具有力量的，說出了什麼詞彙，散發出哪種磁場，就會吸引相同性質的機會到自己身上。一句漫不經心的埋怨，可能招致更多災難，厄運纏身；而一句有力的自我鼓勵，將開始醞釀好運，幫助你排除萬難。

父母說出的每一句話，造就了家庭氣氛，也造就了孩子命運，小孩選擇「說好話」或「說壞話」，多半皆是由父母身上學習而來的；懂得分享的爸媽，有懂得表達的孩子；懂得肯定的爸媽，有懂得讚美的孩子；懂得正向發言的爸媽，才有懂得「好說好話」的孩子。

林偉賢爸爸經

話語，是全世界最有力量的東西，一個懂得如何說話的人，才能說出激勵人心的話語，說出一篇動人心弦的演講稿；甘迺迪是美國歷史上最得民心的總統之一，他說過：「不要問國家能夠為你做什麼，要問你自己能夠為國家做什麼。」這句名言激起美國人的愛國主義、激發美國人的愛國情操，可見，一位領導人會說話，並且說出正確的話，會帶來很大的激勵效果。

生活在台灣的我們，想要教孩子說好話，是很大的挑戰，電視的談話節目，用充滿恨意的語言來評論時事；對立的政治環境，讓孩子自幼接觸到很多負面、攻擊、尖酸刻薄的話語；又網路上有所謂的「網路酸民」，隱藏在螢幕後，見不得別人好一般，任何新穎的東西出現，都得遭受到這些酸民們的輿論攻擊，這些現象，對於整個社會的和諧帶來了極大傷害，真叫爸媽無奈。

 你最後一次稱讚孩子是什麼時候？

有部新加坡電影要推薦給家長們看，電影名稱叫做《小孩不笨》，影片中的第一幕，旁白開宗明義說：「你最後一次稱讚別人是在幾時呢？你最後一次被別人稱讚是在幾時呢？……很久了，對嗎？」要我們常常真誠地去讚美別人、肯定別人、鼓勵別人，似乎並不是一件容易做到的事情，偏偏這的確是件很重要的事情。

父母總是希望孩子的一切都好，卻常常用負面的教育方法；譬如：媽媽叫孩子到廚房端一碗湯，若孩子沒有立即行動，媽媽通常會提高聲量喊叫：「×××，我在叫你！還不趕快過來幫忙嗎？你沒手沒腳嗎？」明明是請孩子幫忙做事，卻老愛用嚴苛的言詞；第一次叫，孩子沒有聽到，媽媽再叫第二次時，就會說：「我叫那麼大聲你都沒反應，你耳聾了嗎？」第一次叫，手沒有了、腳沒有了，第二次叫，耳朵也跟著聾了；到了廚房，孩子如果再詢問要端哪一碗，媽媽不耐煩就會說：「哪一碗你都不會自己看，你眼睛瞎掉了？」生長在台灣的孩子，端一碗湯，就要冒著身體支離破碎的風險，多麼悲慘啊！

老一輩的父母認為，如果不對孩子施加嚴厲式、誇大式的教育，孩子就不會成器；甚至連老師也是如此，在我們成長的那個年代，讀書是件辛苦事，「你要好好念書，否則就去做工人」、「考不上好學校，你就去當農夫吧」，奇怪的是，工人、農夫有什麼不好呢？「男的考不上，就去當農民」、「女的考不上，就去嫁給農民」，難道人生的選擇只有二種嗎？明明是為了孩子好，卻沒有好說好話，沒有把好好的一句話說好，反而是腦袋一想到就脫口而出，以對某些職業帶有貶抑的話，做了不尊敬、差別心、口出惡語的最壞榜樣。

如果爸媽對孩子這麼說：「你的房間就跟豬圈一樣，永遠都不會是乾淨的！」奇妙的是，在這般惡言惡語教養下的孩子，他的房間果真會長久亂下去，直到環保局來取締為止。

爸媽塑造了一個負面的形象，得到的當然也是負面的回應。就像是上司想要藉由恐嚇讓下屬進步，他說：「若工作士氣還是那麼低迷，大家都得有捲鋪蓋走路的心理準備。」這樣的說法，就像把槍枝抵在員工腦袋上說：「放輕鬆，繼續加油，這樣子才不會有人受到傷害。」恐懼並不能用來激勵他人向上，對於提振士氣往往是沒有任何作用的。

我們學到的一項課題是：當有事情要告誡他人的時候，請千萬不要習慣用負面的字眼，尤其是對自己的孩子。

擋下脫口而出的憤怒

為人父母者，有些時候會口出惡言，是不知道如何處理自己的憤怒，因此直接透過激烈的語言，發洩在孩子身上。

憤怒是正當的，它是一種情感，一種感覺。但是儘管憤怒並不是一個疾病，身為教育者仍必須知曉如何「處理憤怒」。

下一次當孩子故意反抗、行為叛逆、欠缺禮貌，而導致你感到痛憤至極、怒火中燒的時候，可以採用下列做法：

步驟 1：深呼吸

持續 1 ～ 2 分鐘，將集中力放在自己的呼吸上，感受深深吸吐；此舉將有助於爸媽先冷靜下來。

步驟 2：放輕鬆

試著以長遠的眼光去看待眼前發生的衝突；孩子當下的言行舉止，若在日後回首，很多時候其實並沒有那麼嚴重。

步驟 3：詢問自己欲達成目的為何

請爸媽問問自己：「我是希望立即解決問題嗎？」或許不該是這個目的吧。相反地，爸媽應該做的是盡量與孩子交談，好在未來若有類似情況發生時，能導向一個比較正確的對應方式。

步驟 4：就事論事

不要顧著反擊，那會使得親子爭執越演越激烈；專心讓談話持續下去，在避免責備、羞辱、咒罵的同時，讓談話有好的結果。

步驟 5：堅持

別讓孩子的防禦心，影響你想要邁向可行解決方法的決心。

步驟 6：專注未來

不要翻舊帳或者為當下發愁；想像一下自己希望從現在起，到 5 年之內，或甚至 10 年之間，與孩子之間的關係。

這才是爸媽要努力的方向，而非只是圍繞此爭論，停滯不前。

對自己的語言負起最大責任

有些人在自己小時候受過語言的傷害，長大了，好像持有一種報復的心態，有樣學樣，說話帶著攻擊性，經常逞口舌之快，為了面子，去傷害了不該傷害的對象，這些情形，都是不正常的、不健康的。

有時候，不恰當的言語說出口，我們馬上就後悔了：「唉呀！我不該說那一句話」、「唉呀！我怎麼會像剛剛那樣子說話呢」

但是，全天下最難製的藥就是後悔藥，發言不慎，駟馬難追，無法用悔意來善後，所以一定要更謹慎的說話才行。

世界級知名課程「Money & you」的精神導師富勒博士（Richard Buckminster Fuller）曾經說過：「堅持所學真理之勇氣，需要認真面對自身一切錯誤之勇氣，不認錯方為罪惡。」

富勒博士在年輕時也曾荒唐過，流連酒吧，揮霍家產，有一晚，他為了要去酒吧看球賽，將罹患肺炎的女兒留在家，走出門時，女兒唯一的願望，是爸爸替她帶回超級盃的旗幟；正在飲酒狂歡、看球賽時，富勒博士接到女兒病危的消息，回家見女兒最後一面時，女兒問他：「您有幫我帶回超級盃的旗幟了嗎？」富勒博士啞口無言，而女兒此刻已經嚥下最後一口氣，死在富勒的懷裡。

從此以後，富勒才深深悔恨，原來自己習慣隨便給出承諾，其實只會給別人帶來失望、沮喪。一天夜裡，他來到密西根湖畔，企圖結束自己生命，此時腦海中一個聲音響起：「你不屬於自己，你屬於這個宇宙。」

富勒博士回過神來，他告訴自己：「你沒有自我毀滅的權力，你不屬於你自己，你屬於這個宇宙。你的重要性對你自己而言，永遠都是模糊不清的。但如果你將自己所有的經驗，轉換成別人最有用的經驗，那你不正是在實現自我的重要性嗎？」

富勒博士痛定思痛，為了彌補曾經犯下的語言錯誤，接下來有長達2年的時間，他不允許自己使用任何詞彙，甚至是堅決不開口說話，為的是確保自己說的每一句話，都是對社會有貢獻的，並且成為一個能對自己的語言負責的人，承擔起最大的言語責任。

控制思想，說出善意語言

我們在說話的當下，內容必須是真誠的，要注意保持正直之心。有位名為 Rolling Thunder 的印第安人酋長曾經說過：

「每一個人都得為他們的思想而負責，並懂得如何控制它。雖然這並非容易，但卻是一件能做到的事。

首先，若我們不願意去思考某一件事情，那麼我們就別去提起它，我們無需『咀嚼』所有看到的事，也無需說出所有在腦海裏想的事，因此，我們必須很謹慎自己的用詞，在語言方面必須要有良好的善意！

有些時候，我們必須持有一副清晰並且純淨的思想，我們無需去思考或者說出我們不想要的事情，我們勢必能夠做出這樣子的選擇，也要懂得完全認知與使用這個與生俱來的權利。

我們沒必要譴責自己的思緒，也不必去自我爭議，你只要瞭解你可能選擇自己的思想，不用去理會那些負面的。

若它們不斷的浮現在你的腦海裏，讓它們去，告訴自己：『我不選擇有這樣的思緒』。只要你保持著這份決心，以及堅守著這份意向，你便懂得如何去適當運用你的選擇權，同時，也懂得如何控制你的表意識。

如此一來，你就可以隨時排除負面的思想；在任何時候，你將能夠完全正確地感受到那一段無瑕淨化思緒的過程。」

口下留德，言行合一

說好話，不僅只是把好聽話「說完」而已，你一旦把話說出去了，大家就眼巴巴地看著你將要怎麼做，如果你說得很好聽，卻通通沒有做到位，其實會引起反彈，製造更多負面的形象。

就像是台灣的選舉活動，一旦競選完畢，人民便會開始檢視，上位者有沒有做到選舉前允諾的事項，是否做到言行合一。

同場加映小故事

某年，豐田的兩家合資企業宣佈，由於零部件出現缺陷，召回部分凱美瑞、雅力士、威馳及卡羅拉轎車，期間所涉及的車輛總計共688314輛，此次事件，是數量最大的一項召回事件。

在一系列的對外解釋中，豐田汽車是竭力地否認品質問題與其成本之間的關係；然而，接下來的日子，事態越來越嚴重，豐田已在全球召回了9次，涉及車輛達到625萬餘輛……

以日本豐田（TOYOTA）多年以前的問題汽車召回事件來說，在事件發生的最初，他們的老闆僅以鞠躬、賠償，來表達對顧客的歉意，並沒有做出實質的補救措施；沒想到有駕駛人因此受傷，問題越演越嚴重，一度有高達73%的受訪人群表示「不會再購買豐田品牌車子」。最後，當豐田把問題車輛全部召回，真正負起責任，抨擊的聲浪才逐漸消弭。

只不過，豐田這幾年的連續召回事件，已經大大觸動全球消費者的神經，尤其當豐田汽車引以為傲的雷克薩斯也發生了召回時，有關豐田汽車品質的神話早已經開始廣遭質疑。

由此可知，好說好話、好做好事、好走好路，你不能只會說，要踏踏實實把事情做完，否則，最後你只會被認為是一個耍嘴皮子的人，只有「口才」，沒有「口德」，那就成了佛教所說的「造口業」。

教育孩子說話也是一樣的道理，有時候家長訓練孩子去演講，孩子經過反覆訓練，口才一級棒，遣詞用字比大人還厲害，說起話來，卻是態度犀利、咄咄逼人，完全不懂得替別人留點餘地，完全不懂得為聽者的立場想想，這種毫無口德的說話教育，便是失敗的。

正確的話語，可以激勵一個人、一個團隊、一個國家；但是，錯誤的話語，可能會傷害聽者心靈、導致聽者沮喪，甚至害得對方從此一蹶不起，造成自殺的憾事；因此，爸爸媽媽請千萬不要小覷言語的力量，教孩子說話時，勢必要注意所用的語詞是否皆屬適當。

你們所說的長篇大論，或許真的很有智慧，但是我情願從觀察你們的一言一行中學習，因為我可能會誤解你們，以及你們所說的話，但是我卻不會誤解你們的行為以及生活的方式。

丹尼斯·魏特利（Denis Waitley）

吳娟瑜媽媽經

教小孩「好說好話」，並不是教小孩說諂媚的話，或是阿諛、奉承、拍馬屁；如果小孩本性善良、個性正直、腳踏實地，那麼，他由衷而發的語言，將會是親切、可靠、讓人信賴的好聽話語，而透過教育者的引導，他便懂得把內心的訊息清楚地傳遞出去。

為何孩子會不知如何表達？

父母要如何教導小孩講「對的話」？有些孩子的口語表達能力較弱，無法精確地傳遞心中所想；亦或是對於人際互動中的溝通表達顯得較為被動，不像其他孩子會積極地陳述，之所以會造成此種性格，我認為主要可由三個角度來分析：

答非所問的孩子

當孩子答非所問，乍看之下，好像是孩子不懂得表達、說話不中肯、沒有說對話，其實很多時候是因為父母沒有「正確提問」。

譬如，爸媽問兒子說：「星期六跟同學有約啊？」這時候爸爸期待聽見的答案是「對」、「是」、「有」等具體清楚的回覆，然而，孩子若回答：「再說啦。」他傳達出來的意思模模糊糊，聽起來答非所問，沒耐性的爸媽一聽，也許就要馬上生氣了。

實際上，小孩可能尚未確認此邀約，只知道有機會與同學出去玩，確定的時間、地點、人數，都還沒有約定好，又不清楚爸媽究竟想得到什麼解答，因此才會如此回答，殊不知爸媽卻發起脾氣，感到莫名其妙的孩子，更不願意再與情緒上的爸媽多做解釋，誤會便由此發生。

孩子的回答聽起來答非所問時，爸媽要練習用具體的問句來詢問：「這個週六，你和同學是約在下午2點嗎？還是3點呢？」溝通裡運用數字，就顯得清楚而具體化，小孩相對地可以受到引導，給出具體的回答：「是約在下午3點。」或者是「我們還沒約清楚確定的時間，等我們約好時間以後，我會再告訴你們唷。」

而萬一孩子拋出了不清晰的回答，爸爸媽媽其實也可以再次追問：「請問，你剛剛的回答『再說啦』，意思是你們還沒有決定好嗎？」這樣一問，孩子就會附和：「沒錯，我們還沒有確認時間。」所以，面對孩子的答非所問，爸爸媽媽不要急著上火氣，我們有責任訓練孩子溝通的技巧，讓他們懂得採用具體的回應方式，只要我們再追問一句就好了。

童年憤怒未消除的孩子

沒有人天生就懂得教育小孩，初為人父、初為人母，缺乏經驗，只能在慌亂之中，一邊做，一邊學習如何扮演好稱職爸媽的角色，因此，在教養孩子的過程中，難免會犯下一些差錯，有時候會導致孩子心裡面不舒服，進而累積起「童年的憤怒」。

曾經有位父親分享了他的故事，當年，他的兒子仍在就讀國中的時候，某日與同學留在學校打籃球，因此而晚歸，爸爸一氣之下跑去學校，沒有留給他的孩子解釋的空間，就怒氣沖沖地打了籃球場上的兒子兩記耳光；自從這次事情以後，兩個人之間越來越疏遠，兒子不願意再和爸爸溝通，即使爸爸開口問問題，他也總是回答一聲「哼」、「喔」等語助詞來應付，再也沒有任何溫暖的語言。

這位父親十分傷心，自問：「我到底哪裡教錯孩子？」他慢慢反省自己，並參加專為爸爸媽媽開設的的成長班，然而，兩個人之間的僵局也一直維持到孩子 18、19 歲；有一天，這位父親出了車禍，在路上發生小擦撞，當他下車跟陌生人說抱歉、說對不起，突然驚覺：為什麼我與外人道歉如此容易，面對兒子卻不能說出口？

於是，除夕那天，在金門當兵的兒子放假回家，他下定決心要好好把話說清楚，一見兒子就說：「兒子啊，吃完年夜飯，爸爸有重要的話要跟你說。」兒子照樣以不耐煩的語氣說：「是要講什麼啦。」經過成長與反省的爸爸，沒有動怒，只說：「沒事，沒事，待會兒再說。」

吃完飯後，爸爸搬了兩張椅子，與兒子促膝而坐，開口說道：「兒子啊，當年我在球場上打你耳光，後來我們就漸行漸遠，無法相處，爸爸想了很多年，知道是爸爸錯了，希望你能原諒我。」才講到這裡，兒子突然淚崩跪下去，抱著爸爸的腰哭了起來。原來，他帶著童年的憤怒長大，一直期待著爸爸能夠跟他道個歉，然後說「我愛你」。

後來，這位爸爸跟我分享說：「吳老師，自從我跟兒子好好道歉之後，現在我們的相處就像哥兒們，很麻吉、很要好；他在職場上的表現也很優秀，總是熱心助人，友善對待身邊同事，也非常負責任。」

所有的孩子都是一樣的，他們都渴望能夠跟爸爸媽媽有良好的相處關係，像故事中這類型將童年憤怒帶在身上的小孩，如果無法消除憤怒，他在家庭中不願意開口說話，連跟自家爸媽都無法好好說話的時候，又要如何去學習開口表達的能力？

消除父母跟孩子的負面關係，留下不含痛苦的快樂回憶，孩子是可以釋放掉一些負面情緒障礙的，當情緒自由，他就會成為一個懂事的孩子，主動關心別人，與周遭的人群親切相處。

學到父母負面詞語的孩子

負面的語言模式，總是一代傳一代，傳統的教育思想裡，有所謂的「棒下出孝子」，很多爸媽從各自的長輩身上，也學到某些負面的詞語。

但是，我認為，好孩子是「教」出來的，打罵並不是教養孩子的好方式，父母如果習慣性地使用負面的語言，孩子又如何能懂得好說好話？又怎麼以正面態度去待人處事呢？

觀察社會，我們發現有許多小孩很會頂嘴，跟長輩講話總是沒大沒小，讓父母深受挫折感，為什麼會出現這種現象呢？其實這是因為小孩與爸媽相處時，大人也給了他們挫折感。

同場加映小故事

美國教育學者曾經做過實驗，準備了一間遊戲室，並將孩童分為A組、B組；A組的孩子一開始便能進入遊戲室；B組的孩子卻不能馬上進入遊戲室，而是讓他們站在窗口看著，看了很久一段時間，直到他們已經忍無可忍，才開門放B組的孩子進去。

實驗結果顯示，A組的孩子會互相親切問候、分享玩具；B組的孩子則是出現攻擊行為，包括咬頭、踢人、破壞玩具……等等。

透過這樣的實驗，反映出人類社會行為模式下的一項共同特點：「挫折感容易引起攻擊」；B組小朋友等待太久，挫折感很深，因此，一進去遊戲室便互相宣洩、攻擊，心裡面才會覺得舒坦。

做為父母，假如我們經常用一些很負面的語辭去攻擊孩子，比方說「你好笨」、「你很差勁」、「你蠢得像豬」……之類的話，在此期間小孩不斷忍受挫折感，由於想要自我保護，孩子通常便會下意識地抗拒爸媽，甚至同樣利用言語來反擊父母，出現帶有攻擊性的行為。

所謂的攻擊又分為二種：「直接攻擊」與「消極攻擊」。

「直接攻擊」就是直接運用語言暴力，例如：頂嘴、謾罵，甚至出現肢體上的暴力，例如：揮拳、摔東西。

而「消極攻擊」則是當孩子無力對抗時，只有默默流淚，低垂下頭，轉身離開，或者以不具名的方式撰寫黑函……等行為。

當小孩有一些不對勁的行為出現時，父母勢必要警覺到孩子的挫折感，並且確確實實去改進不當的語言模式。

如何讓孩子學習好說好話？

帶領孩子說好話，是教育非常重要的一塊，而爸爸媽媽該如何開始對孩子說好話，以身作則呢？以下是幾點關鍵：

放下主觀批判

放下主觀批判是一件很重要的事，為人父母者要學著去容許子女有不同的想法、不同的做法，而不是一昧地批評；因為孩子「說好話」的能力，是從爸媽複製而來的，假如父母經常一開始就制止他、責怪他、怪罪他，爾後孩子就很難開口說好話。

A俠士威風凜凜地從東邊走過來，看到樹上有一面盾牌，他說：「這裡有一面金色的盾牌。」

B俠士從西邊「咻～咻～咻～」地走過來，抬頭往樹上一看，說：「這分明是銀色盾牌，你怎麼說是金色的呢？」

於是，兩人一言不和，拔出身上配戴的刀劍，鏗鏗鏘鏘地打了起來，經過一番激烈打鬥，兩人倒在地上，瞥見樹上的盾牌，同時發出「啊！」的一聲，原來，這面盾牌其中一面是金色的，另外一面卻是銀色的。

其實，A俠士與B俠士都是由自己的角度說出看法，當然見解不同，雙方卻都有正確之處。如果一個人與別人相處時，能夠容許人人想法各異，理解到沒有絕對的對與錯，那麼彼此溝通的空間就開闊多了。

放下主觀的判斷之後，父母可以活用三個W（What、Why、How），讓孩子們有自由表達內心意見的機會。

舉個小例子，哥哥買了一個布丁，放進冰箱裡，弟弟打開冰箱，看到有布丁，就直接拿來吃了，哥哥發現布丁不見，氣得直跳腳，罵弟弟：「你為什麼偷吃我的布丁？」弟弟說：「布丁又沒有寫名字，我怎麼知道是你的？也說不定是媽媽買的啊！」二個人各有各的道理；這時候，媽媽可以先制止兩個人吵鬧，說：「好，你們猜拳，贏的人才能先開口。」假設哥哥猜拳贏了之後，再用What、Why、How的處理模式：

媽媽：「發生什麼事了呢？」（What）

哥哥：「我買了一個布丁，放在冰箱，弟弟偷吃掉了，我很生氣。」
媽媽：「為什麼你覺得生氣？」（Why）
哥哥：「因為那是我的布丁，我不希望被別人吃掉。」

孩子在闡述他的情緒狀態時，媽媽並沒有責罵他，讓他盡情的講，因為這是心情的抒發，也是讓孩子練習表達的過程；最重要的是後面的How，它讓孩子去思考，下一次遇上類似事件，該怎麼做才會更好。

媽媽：「哥哥，你覺得該怎麼做才不會再發生呢？」（How）
哥哥：「一、我可以在布丁盒貼上姓名條；二、我可以事先請媽媽轉告弟弟不要吃；三、我可以再買一盒布丁；四、我可以一次買兩盒布丁……」有很多種方法。

接著，讓弟弟有機會發聲，輪到弟弟的What、Why、How。

媽媽：「弟弟，你覺得發生什麼事了呢？」（What）
弟弟：「冰箱有布丁，我就吃了，平常不都是這樣子的嗎？」
媽媽：「那你認為，哥哥為什麼會這麼生氣？」（Why）

媽媽這樣子的問法，正是試圖激發弟弟的同理心。

弟弟：「可能是布丁意外被吃了，所以他不高興。」
媽媽：「我們現在要怎麼做比較好呢？」（How）
弟弟：「一、我可以跟哥哥說聲抱歉；二、我可以買一盒布丁補給哥哥；三、我可以對哥哥保證，下次會先問過布丁是誰的……」

透過三個 W，孩子可以獲得很好的引導，放下主觀、由不同的角度更清晰地看待事情、知道如何表達自己、犯錯懂得跟人道歉，並且養成思考的好習慣，知道下次該如何做才會更好。

感受＋覺察＋行動＝成長

在家庭裡，當小孩有感受的時候，要讓他們練習把感受說出來；當爸媽帶領小孩時，對孩子一舉一動背後的情緒，務必得要有所覺察；並且採取一些好的行動，讓全家人共同成長。

有一次，在我的演講會場裡，有個高中女孩低著頭、掩著臉，壓力看似很沉重的樣子，我問她是否發生了什麼事？於是女孩便娓娓道來她的感受，原來是爸爸要求她考試排名前三名，她滿腔委屈，卻敢怒不敢言。我問：「妳爸爸以前讀書時都有前三名嗎？」這時候，坐在女兒旁邊的媽媽搶答說：「怎麼可能？他都是吊車尾的！」現場聽眾聽了哄堂大笑；這個女孩也不禁笑了出來，她聽懂我在引導她成長，我建議她：「當妳有情緒、感受的時候，不僅是妳要有所察覺，也要讓妳的爸媽有所察覺，妳必須採取一個行動，回去找爸爸重新溝通，告訴他，他那句『妳一定要考前三名』讓妳很有壓力，爸爸也許完全沒有料想到，接著妳好好跟他說：『爸爸，我會盡力，但是第三名的規定壓力太大，可不可以不要這樣呢？』相信爸爸也會重新反省思考的。」

爸媽與孩子平日相處在一起，應該勇敢地向對方表達感受，才能夠懂得彼此的心，多多傾訴、多多聆聽，有了這些好行動，溝通的渠道才能開啟，如此一來，全家人都將會共同成長。

主動表達

主動表達的方法有二種：講出我的感覺（Feel）、說出我的需要（Need）；爸媽必須以身作則，對孩子有話要說、有所要求的時候，練習用一些正面的方式讓孩子做正確的表達。

譬如說，孩子晚歸時，爸爸媽媽不要一看到孩子進門就馬上提高音調說：「你跑到哪裡去了？你給我記住，你再這樣，我就……」用威脅恐嚇的話語，整個家就瀰漫著負面的氛圍；取而代之的說法，可以先說出感覺（Feel）：「寶貝，你超過七點以後人還在外面，爸爸媽媽會很著急，擔心你出事了。」緊接著再說出需要（Need）的部分：「我建議你，下次有類似的情況發生，超過時間無法回家，最好打個電話跟家裡報平安，如果手機沒有電，請你跟同學或老師借用手機打電話回家。」

以此類推，萬一碰到功課不認真寫的小孩，父母也可以說：「媽媽看到寶貝沒有認真寫功課，心理很擔心你跟不上學校進度（感覺 Feel），我希望你自己重新調整一下，動作加快比較好（需要 Need）。」運用類似這樣的說法，小孩子都是可以被教導的。

爸媽表達的時候，還要謹記一個「○□○」原則，前後兩個圈是針對「人」而言，中間則夾了一個「事」，這也就是適合親子之間「就事論事」的「三明治表達法」。

譬如說，小孩太晚睡覺，爸爸媽媽很擔心，可以告訴她：「寶貝女兒，媽媽很關心你（人），現在已經超過 11 點半了（事），晚睡容易睡不飽，明天容易遲到，是不是該去睡覺了呢？」最後再給她一個圈：「無論如何，媽媽都很愛妳（人），希望妳保重身體。」

這樣子的「三明治表達法」，免除了各種不必要的情緒字眼，小孩

們會更容易聽得下去，同時，爸爸媽媽正在親身示範什麼是主動表達，並且絕不攻擊他們、不責備他們、不取笑他們，給他們空間做調整，也讓小孩學習到，有話想說時，其實可以溫和地表達出來即可。

樂於分享

如果小孩子在家裡不愛開口說話，家長會問：「為什麼我的孩子不像別人家的小孩那樣唧唧喳喳，反而是安安靜靜、沉默寡言，一句話都不說？」我常常反問他們：「你有習慣主動跟孩子分享一些有趣、好玩的事情嗎？」而他們的答案通常是「沒有」。

爸爸、媽媽就是孩子的榜樣，希望孩子與自己有互動，首先要樂於分享，不管是說說笑話也好，聊聊電視節目也好，或者是談談社會新聞上發生的事件，或者是講講你自己的故事、講講自己的感受都好，讓小孩子能夠更善體爸媽的意思。

除此之外，甚至可以搭配上多一點的肢體語言，譬如：投以關懷的眼神、微微笑、點點頭、握握手、拍拍肩膀……等;這些簡單的肢體動作，會讓孩子感受到與爸爸媽媽很親近，如果又經常聽父母講一些分享的話題，他就會漸漸也習慣於跟爸媽分享自己。

另外，還有一個簡單的方法，就是多說「請教你」三個字，比方說：「兒子啊，請教你，最近有一則社會新聞……」、「女兒啊，請教你，那部電影劇情為什麼……」，當你經常用「請教你」開啟一個話題時，不但能夠拉近親子之間的距離，孩子更會樂於開口。

 好說好話，趣味橫生

有部分的孩子天生便懂得說好話，有些孩子則經過學習也變得圓滑，聰明的孩子們常常是字字珠璣，只不過父母未必有所發覺而已。以下，是兩則「好說好話」的案例分享：

媽，我是瑕疵品

有一位媽媽告訴我：「吳老師，我有個正在念小學四年級的兒子，他很會跟我頂嘴，常常惹得我很生氣！」

我好奇地問：「他是怎麼頂嘴的呢？」這位媽媽告訴我說：「我罵他說：『你怎麼什麼都不如哥哥呢？哥哥功課好，成績好，什麼都好，你卻沒有一項比得上！』結果他馬上跟我頂嘴說：『媽，我是瑕疵品啊。』」我一聽到「瑕疵品」忍不住笑了起來。

其實，這位帶著老靈魂的小孩，正用一種不帶攻擊性的智慧話語，在闡述真理，在點化媽媽。意思是：「親愛的媽媽，也許我沒有生得像哥哥那樣優良，但是最起碼的，您就接受不完美的兒子吧。」

但是這位媽媽聽不懂，只覺得孩子在頂嘴，帶著淚水來求助。當我為她解釋說：「妳兒子說瑕疵品，並不是在頂嘴，而是提醒你，自己生的孩子要無條件接受，雖然他是瑕疵品，或許他在其他方面很優質，還沒有被發現啊！」講完之後，這位媽媽終於破涕為笑。

一塊好玉，都快被磨壞了

有一個男孩，某天聽見弟弟又在挨罵，媽媽激動地吼著：「一天到晚上網，也不好好寫功課，你在搞什麼？」他看到這樣的情形，於是靠

近媽媽，模仿古裝劇一般，老氣橫秋地說：「您這位年近 40 歲的女人，為什麼在欺負一個剛滿 10 歲的小孩？」

這位媽媽聽了大為火光：「怎麼說是欺負呢？我這是在管教我的孩子！玉不琢，不成器！」男孩接著說：「原本是一塊好玉，卻快被您磨壞了啊！」媽媽聽完大兒子這句話，當頭棒喝，終於了解到，自己常常對小兒子講話時，都是採用一種「破壞性表達」的方式。

所謂的「破壞性表達」就是帶有攻擊性的表達方式；在這樣子的溝通方式之下，小兒子常常將耳朵關閉起來，經常愛聽不聽的態度，表現出一副「妳罵妳的，我不聽那是我的事」的模樣，如此一來，媽媽怎麼規勸他，也就都沒有任何作用了。

在大兒子好好跟媽媽講了以後，從那個時刻起，這媽媽再也不用破壞性表達模式說話，都是講正面的話。譬如，提醒孩子寫功課時，就說：「寫功課時間到了。」用正面口吻去論述事實。

男孩的一句妙語，點醒了媽媽。原來，做為大人的責任，不僅僅是要教導孩子們「好說好話」，大人自己也必須要學習「好說好話」，帶領孩子成長的同時，也讓孩子教我們成長，這是多麼棒的一件事。

活在批評之中的孩子，學會責難；活在寬容之中的孩子，學會耐心；活在嘲弄之中的孩子，學會害羞閉塞；活在鼓勵之中的孩子，學會相信自己。

丹尼斯．魏特利（Denis Waitley）

This Is It！

升學中的孩子對於未來莫名焦慮，已經嚴重影響到夜間睡眠品質？小孩的性格偏屬優柔寡斷，面對選擇總是猶豫不決、躊躇半天？考試結束後，孩子的成績不理想，就一個人悶在房間裡久久不肯出來？

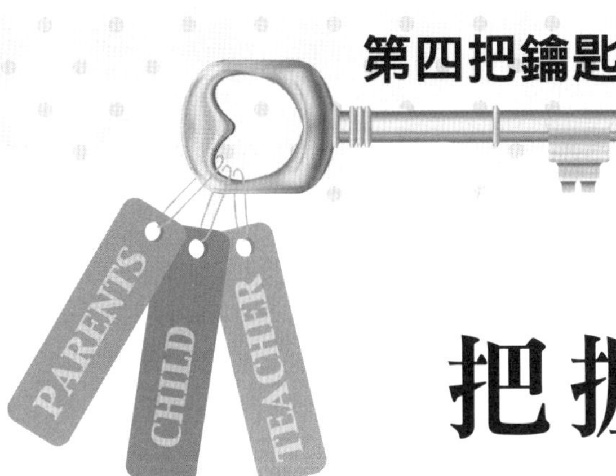

第四把鑰匙

把握當下！

年齡尚幼的孩童，總是能夠專注在眼前喜愛的事物上，例如遙控飛機，例如與寵物玩耍，那種專注力與滿足皆是大人望塵莫及的，卻怎麼隨著年齡增長漸漸消失了呢？親愛的爸爸媽媽，千萬不要將怨懟過去、恐懼未知的壞習慣傳承給下一代。專注眼前，多學學孩子吧！

把握當下！

This Is It!

有一句話說：「人們總是衰老得太快，卻聰明得太遲。」我們習慣於花時間緬懷過去，又或者汲汲於不確定的未來，其實，生命中最重要的時刻，就是「此時此刻」，唯有將每個當下都好好把握住，才能發揮自己生命的最大價值。

當爸爸媽媽花費太多心思在對過去埋怨、對未來憂愁，孩子也將受到干擾，逃避現實、焦慮怨懟，忘記要向前看；父母親要停止胡思亂想，孩子才能夠變得積極、陽光，找到自己的人生方向，而且，若要孩子築夢踏實，實踐夢想，只需要一個步驟，那就是採取行動。

吳娟瑜媽媽經

爸爸媽媽的情緒模式，會深刻地影響孩子處事的態度，而孩子的情緒模式，通常是由原生家庭複製而來的。一般人的情緒模式，可概分成四種類型：安全型、迴避型、焦慮型、攻擊型。

這四種類型的人，聽到同一句話，將會呈現出不同的反應。譬如，告訴他們：「你錯了。」安全型人的反應是平靜地回覆：「好的，我知道錯了，我會改進。」迴避型人馬上低著頭，轉身默默離去，含著眼淚，卻不願直接溝通、解釋；焦慮型人則是馬上跳起來說：「我哪裡做錯了？我怎麼會這樣子？慘了！完蛋了！」然後責怪自己、責怪事情，表現出很崩潰的狀態；攻擊型卻選擇勃然大怒，開始反擊：「你哪位啊？你很厲害嗎？你憑哪一點說我做錯了？」表現出兇狠的態度。

每個人的性格裡面，視比例不同，或多或少都存在著這四種類型人的特性，如果我們加強安全型的部分，往安全型的人格來發展，並教育孩子也成為較偏屬於安全型性格之人物，那麼孩子就容易學習到生命要「把握當下」，比較容易拋開雜念，活在此時此刻的感受。

我自己也是經過多年練習，不斷地使心靈成長，才從原先的迴避型人、焦慮型人混合，轉變成安全型的人。

爸媽要學習「安全型情緒模式」

有趣的是，不同類型的爸媽，往往會造就出不同類型的小孩，兩個世代之間的關聯性，往往是互相對應、有跡可循的，以下便是四種類型父母的特徵與對家中子女的影響：

迴避型父母

迴避型父母習慣迴避情緒的表達，通常有張撲克臉，而因為他們臉上表情不具體、不明確，容易讓子女捉摸不清，孩子只能用猜測的方式，去揣測爸媽心裡的真實想法，一旦猜錯便會造成誤解。

此外，基於害怕爸媽生氣，小孩可能會乾脆不說、乾脆不問，索性逃避，久而久之也成為迴避型的人。

焦慮型父母

焦慮型的父母，很多情況都在焦慮情緒中度過，結果不如預期的時候，最喜歡自我責備、怨天尤人，經常被焦躁的情緒所環繞；小孩子都是很敏感的，看見爸媽的憂慮，面對事情也會變得戰戰兢兢，彷彿走錯一步就世界末日般，不敢做決定，常常陷入猶豫不決的泥沼，完整拷貝了焦慮型爸媽的特質。

攻擊型父母

父母如果屬於攻擊型的人，言語上的挖苦也好，過度嚴厲的謾罵也好，家裡的孩子經常需要承受各種壓力，積怨在心中無處發洩，外加不知不覺間的有樣學樣，從父母身上學到攻擊型態，他們就會慢慢地有抗拒態度、反駁言論，甚至是暴力行徑出現，例如：冷漠、頂嘴、怒罵、對爸媽不理不睬……等等。壞的性格都學會了，就是沒好好學習如何將事情改善、如何與人溝通。

安全型父母

綜觀以上各類型的個性，我們可以發現，焦慮型、迴避型、攻擊型的父母，所教育出來的孩子，通常欠缺了多種能力，尤其是無抉擇能力、無溝通能力、無思考能力、無修正能力，即使發現自己哪個部分的言行舉止出了錯，他們將太多注意力擺在悲傷、憂愁、懊悔、怨恨、憤怒……等等負面情緒上，當然很難改善現況。

爸爸媽媽應該學習安全型的情緒模式，那麼才有機會教導孩子排除負面情緒，只專注在眼前可以改進的地方、專注在眼前可以做得更好的事，孩子就懂得如何活在當下地成長。

安全型父母，一般而言，從小成長於充滿信任、充滿愛的家庭氛圍當中，所以，在人格上、行為上，都有著極為充份的自信心，接受諫言，犯錯就改，也樂於給別人信任和支持。

以我自己為例，其實我是透過後天的學習，才成為安全型父母的，因此，家中兩個兒子從小多多少少也受到「迴避型」和「焦慮型」的影響，和我的關係雖然是「親密」，但是同時「緊張」。

如今，我學到做安全型父母之後，兩個兒子也已經跟著我一起修正為安全型表達的孩子，我們可以無話不談，彼此分享。

至於我的兩個孫子更是受益於此，平日在家庭裡，大家都是開心地互動，享受「把握當下」的成長。

安全型父母如何教出「把握當下」的子女？

如果因為受到父母親的負面影響，孩子一直活在對於過去感到抱歉的情緒裡，內心的負擔重重，他又怎麼可能開心得起來？

而倘若孩子活在對於未來的恐懼中，不斷擔憂還沒發生的事情，情緒總是在緊張不已的狀態，又該如何懷抱勇氣、向前邁進？

過去、現在、未來，我們要如何引導孩子不要活在不必要的多餘憂慮裡，而是活在此時此刻，專注於當下的行動，孩子有了「把握當下」的感受，就能夠減輕心靈的負擔，不會造成能量的浪費，也才能夠時時思考、時時進步，採取正確的行動。

舉例來說，有些家長實在是太擔心孩子會在外頭學壞、變樣，就會事先警告小孩：「你不要出去學一些偷雞摸狗的事情！」這都是基於對孩子的未來有所擔心，才會提前來告訴孩子。

但是，當家長說出這句「你不要出去學一些偷雞摸狗的事」時，基本上傳遞出來的信息，其實就是對孩子缺乏信任度，預先以負面的立場來看待孩子，且沒有引導孩子以正面思維做思考。

如果爸爸媽媽經常處在擔心之中，對於自己的孩子沒有信心，這樣子的台詞聽多了，孩子也會逐漸地失去對自己的把握；於是，一旦外頭的誘惑出現，有人要教他抽菸、有人要教他吸毒、有人要拉他進幫派……等，他要如何堅定？又如何懂得自我約束呢？

發生類似的情形，安全型父母只會輕描淡寫地對孩子說：「你要跟大家一起出去玩？很好啊。」第一步先肯定他出去玩這件事，「記得要在九點以前回到家喔，避免爸爸媽媽找不到人，可以嗎？」再為了孩子的安全設定原則、做把關，孩子受到肯定，也會乖乖配合家長，好好出門，開心地玩，平安回家，這樣不是很棒嘛！

另外，我曾經聆聽過一個案例，有一位媽媽老愛向女兒說：「媽媽以前管妳不夠嚴格，難怪妳的成績才會一直這麼爛！」

從她的言談中可以得知，這個媽媽還活在關於過去的後悔情緒裡，自責過去沒有好好嚴格的管教女兒，卻不是將眼光放在現在。

當她三番兩次地講出這樣的話語之後，又如何能夠教出對自己行為負責的女兒呢？女兒聽了這樣的話，也許會覺得：「對啊，過去的事情都已經發生，無法改變，所以我的成績也不可能會好轉了。」因此放棄繼續用功讀書，又甚至她會想：「沒錯，我的功課不好，是因為媽媽沒辦法好好教我，所以即便我的未來毀了，那也都是媽媽犯的錯，與我無關。」如此一來，孩子就不懂得為自己的人生負責任，因此，不管媽媽如何抱怨，這個女孩的成績始終沒有好轉。

父母在說話的時候，一定要注意用語，謹慎地選擇表達方式，務必得要引導孩子把握當下、活在當下。

其實，以這個案例來說，媽媽應該跟女兒說的是：「妳認為這次的段考要怎麼準備，成績才可以提升呢？」把此時此刻的狀況帶進言談中，引導孩子去思考現狀，並且採取行動。

當孩子回答：「首先，我向成績好的同學請教念書方法；接著，我每天花三小時的時間做複習；然後，考前我會將錯誤的地方圈出來，弄懂它們……」透過這樣子的思考模式與情緒模式，孩子會知道該如何處理自己的事情，並且做出各種「活在當下」、「把握當下」的行動。

把握當下的教導方法

在爸媽掌握「活在當下」的基本觀念之後，要如何將它化為具體的教導方式？我建議從三個方向來教導孩子，分別是：語言、思考、行為。

語言模式

所謂的語言模式，就是多多運用「此時」、「此刻」的言詞。

譬如說，當一個孩子考試退步，父母親會出現幾種不同的反應，「過去式」的說法是：「你怎麼從小就不知道要用功讀書？」責罵孩子過去一直都不用功的情形；如果是「未來式」的說法，則是：「你將來怎麼會考得上好學校呢？」表示對於他的未來憂心忡忡；以上兩種都很容易混淆眼前，使孩子無法活在當下，最好的台詞，其實是「現在式」的說法：「寶貝，你目前是如何制定你的學習計劃的呢？」孩子就懂得正面地、積極地做一些相關調整了。

又例如，發現女兒失戀了，爸媽如果習慣以過去的角度看待事情，就會有這樣的說法：「爸媽以前就告訴過妳了，對方看起來不好，妳就是不肯聽話……」帶有後悔感受的說法，只會讓孩子聽了更加難受，更往悲傷的情緒裡鑽。反之，如果是對未來有所擔心父母，他們的說話模式會像：「妳千萬不要再回頭去找他喔，千萬不要糾纏不清的……」對於失戀的孩子也沒有任何安撫作用。

那麼，在孩子發生失戀情事時，父母要如何讓傷心的孩子能夠轉念、活在當下，在此時此刻有所成長呢？

我建議可以這麼說：「爸爸媽媽最愛妳，我們會在身邊陪伴妳，和妳一起跨越難關，度過這段最難過的時光的。」

一下子把孩子的情緒拉到現在此時此刻的狀態，提醒孩子看看身邊的人們、看看自己擁有的事物，孩子的情緒就容易安定下來，不會一直鑽進往昔的回憶裡找罪受，最終該取的、該捨的，小孩自己都會懂得的。

思考模式

家庭中的成員們，在家中交流、互動時，要讓「活在當下」的這種正面思考模式隨時隨地被運用。

假設眼前發生了一件不好的事，例如孩子考得不理想，爸爸媽媽可以說：「太棒了，這是一件好事，別人沒碰上的失誤，讓你給碰到了，你又有成長的空間了。」或者是「這次的成績退步不少，可見下次一定會進步，我們共同來擬定計畫、加倍努力吧！」比起否定與責備，這樣的思考模式，讓孩子更懂得改善現狀，追求進步，就能有所成長。

此外，另外一個要灌輸給孩子的重要觀念是「做對選擇，比努力更重要。」當孩子做錯選擇，導致結果不如意時，父母可以告訴他：「努力很重要，做對選擇更重要，不是你的努力沒有用，只是方向須要調整，現在你要怎麼選擇，才會更好呢？」提醒他關注於此時此刻。

當孩子的思考模式是容許自己犯錯，同時懂得調整、修正，孩子就不會一直停留於灰心、喪志、自怨自艾的情緒中，反而會活在當下，豁然接受不如意，做出對的選擇，重新再出發。

行為模式

只要好好掌握了「活在當下」的語言模式、思考模式，其行為模式自然也會逐漸地趨向「把握當下」，而專注於當下的行為模式，便能夠帶領孩子們抬頭挺胸地過日子。

生活中難免會遇到一些不順利、一些挫折，正面能量不斷地被消耗，也會有暫時困頓、活力消失殆盡的時候。

父母應該多帶孩子出去走動，運動也好、逛街也好、旅遊也好，壓力得到紓解之後，精神才能夠被補充，走路姿態、肢體擺動，都會散發出積極的態度，那麼「活在當下」的感受就回來了。

接下來，我們要探討的是「movement」，這個英文詞彙翻譯成中文的意思是「動作」，也就是代表著爸爸媽媽的身體運作、行為模式、肢體動作……等等，這些來自於原生家庭 movement，都正在影響著孩子，所以很多小孩的動作、姿態，會與自己的父母類似。

曾經，我遇過一個媽媽，她很懊惱，因為兒子已經大學二年級，卻像個宅男一樣，成天坐在電腦前，不停的敲打著鍵盤，沒日沒夜。

我問這位媽媽：「妳是怎麼處理這種情況的？」她說：「兒子整天待在家裡，做為媽媽，我只好一起待在家裡，守著屋子、守著一堆沒做完的家事，哪兒也不能去，我也很煩悶、很痛苦。」我問：「妳這樣做，兒子有出現任何改善嗎？」她的答案是沒有。

於是，我建議那位媽媽說：「因為妳現在守著屋子，與兒子一起宅，兩個人都感受不到『可能改變的契機』；如果自己能夠每天出去走走，跟朋友聊聊天，或者是去幫助別人，當妳擺脫原先鬱悶的狀態，變得健康、快樂、放鬆，回到家中把這股正面能量傳染給兒子，他就會發現人生還有更多有趣的事物，不僅僅只有電腦世界，也許心中便會逐漸滋長出希望改變的念頭。若是父母親不願意做改變，孩子們又怎麼會有所改變呢？」這位媽媽聽了覺得頗有道理，決定好好改善生活方式。

爸爸媽媽的movement是很重要的，一個孩子的肢體動作是正面或負面、建設性或破壞性、溫和或暴力，對孩子都有深深的影響；臉上表情、聲音表達、姿勢動作……等，各方面的身體運作，若是樂

快樂就是在此時此刻，不管你在搖筆桿，或是在耕田；不管你在上學，或是在排隊；不管你是在等待，或是在嚐美酒；如果你還活在過去，你已經老去。

丹尼斯・魏特利（Denis Waitley）

觀一點、正面一點、陽光一些，子女們在無形中都容易被改變。

父母親走路精神一點、說話有朝氣一點，首先調整自己，也是在幫孩子進行調整，透過肢體上的各種行為模式，讓他們懂得活在當下，活在「把握當下」的積極性裡面。

林偉賢爸爸經

談及「把握當下」，就時間管理的角度來看，要善用每分每秒，去創造碩大的價值；就商業經營的角度來看，是如何把握機會，把握最佳的時間點，正所謂：「政策就是趨勢，趨勢就是商機。」一旦錯過了商機，它就永遠不會再回來。

把握人生的最佳時機點

把握時間、把握機會，重點都是在「把握」兩個字；當我們把握今日、把握當下、把握時間點、把握因緣、把握機會、把握人脈、把握態勢……等，這些都是在奉行「把握」的概念。

機會上門，請伸手緊握

掌握機會是一種智慧，也是一種學問；我們曾經聽說過歷史、社會上，那些成功的、偉大的、造就不凡的人，都是因為機會來臨時，他們及時伸手抓住了，人生就因此而不一樣了。

以我自己的故事為例。

我在念大學一年級時，某日，有位學長跑來找我，他邀請我擔任校刊的副總編輯，第一時間我並沒有答應他，為什麼呢？其中一方面，我認為覺得自己不會編校刊，並沒有這方面的能力；另一方面，當時學校裡有個富有名望、文筆能力極強的學姊——張曼娟女士，如果我去做總編輯或是副總編輯，就得去修改稿子，學姊是中文系的才女，而我只是個商用數學系的業餘人士，怎麼斗膽去修改她的文章呢？心裡對於比我強的人實在畏懼，所以不敢馬上接下這個職務。

接下來的幾天，我不斷思索，難道要讓這個大好機會從手邊溜走嗎？於是，我還是去問學長：「請問，已經有其他人接下這個職務了嗎？」幸運的是，仍然沒有人願意接下這塊燙手山芋，所以我決定把握住機會，點頭答應接下副總編輯的工作了。

後來，我問學長：「為什麼都沒有人願意來擔任副總編輯呢？」學長摸摸鼻子，回答說：「因為，凡是做過總編輯、副總編輯的人，都沒有好下場，往往不是被二一，就是被三二。」（學校規定：連續二個學期，有二分之一學分不及格者，就要退學；在單一學期裡，有三分之二學分不及格者，直接退學。）我不可置信：「學長，你這是在詛咒我一定會被退學嗎？」學長悠悠地說：「當然不是，我是覺得你特別有才華，沒問題的。」後來，果真被退學了。

雖然如此，我仍然感謝學長給了我這個機會，也感謝自己勇敢地掌握住機會。接下副總編輯的位置之後，沒過多久，總編輯也被退學了，於是我身兼二職，同時成了總編輯和副總編輯，那年，我才大一。

我想要表達的是，倘若當時我裹足不前，而不是果斷地握緊機會，接下編輯相關工作，承擔相關責任，那麼，轉眼之間，機會便消失了，我也就沒有機會去累積那幾年的編輯經驗了。

有時候，機會自己來敲門，按了你的門鈴，你卻沒有起身開門迎接它，而是站在門後躊躇個沒完，等到機會轉身離開，也就損失慘重了。生活當中，有太多這樣的案例，譬如：在台灣房地產高速成長的年代裡，最初購屋並不是一件困難的事情，有些人看到某件房地產似乎不錯，想要買，也有能力買，卻只是想了又想、想了又想，沒有實際的行動；3 年、5 年過去了以後，地價翻倍高漲，超出了所能負擔的數目，想買也買不起，於是咬著牙、悔不當初，這就是「錯過時機點」最具代表性的例子。

猶豫不決的性格，是失敗者最大的毛病；拖延，則是時間最大的殺手，兩者都是一樣的道理。

一個機會，將創造更多機會

在當時，我們學校校刊的內容總共有 128 頁，其中 32 頁（占了總內容的四分之一）是由我一個人獨自完成，感覺很好，因為我換個角度想，原本我的文筆不夠好，相反的，現在我當了總編輯，有更多練習寫文章的機會，原本是沒有機會寫作的，現在我擔任總編職務，我愛怎麼寫，就怎麼寫，我愛怎麼編，就怎麼編。

當總編輯的好處還不僅如此，有一次，張曼娟學姊寫了文章送到校刊室來，由於內容太完美了，學姊的文筆優美是全校公認的，我一個字都沒修改，校刊發行之後，大家卻都以為我改過了；當時，我也因此學會了如何讓更優秀的人來為自己創造更大的價值。

沒想到，我的編輯故事並沒有那麼快就結束。被學校退學之後，我就去馬祖當兵，當時馬祖島上，有家唯一的報社，叫做「馬祖日報」，多虧了我在學校時曾經做過總編輯的工作，在一次軍職外調的機會裡，我就被派去「馬祖日報」做主編；這一份馬祖日報，只有四個版面，比起我在編輯校刊時搞定 128 頁的經驗，當然是游刃有餘、勝任愉快。

回顧我的人生，由於掌握住第一次機會，也就是擔任了校刊總編，才出現了第二次機會，獲得成為軍中報社主編的機會。可見，當第一個好運、第一個幸運找上門時，若能夠好好地把握住這個運氣、這個機會，就會吸引到第二個、第三個⋯⋯更多的機會；相對的，越是沒有去把握住，反而會失去一個又一個好機會。

珍惜好運氣，機會靠自己爭取

值得警惕的另外一點是，當人們在機會繁多、好運連連的情況下，有時候會容易漸漸地鬆懈下來，開始不珍惜機會、不力求卓越，那麼就會把好運氣給浪費掉了。因此，即使是風調雨順，我們也更要珍惜好運氣，加倍努力，避免不進反退，情勢走下坡。

我在「馬祖日報」報社做主編時，每天早上 8 點上班，晚上 10 點下班，下班後不用再回軍隊，頭髮也可以留長一點，比起其他當兵苦哈哈的人，日子可以說是輕鬆自在地過。

當時，報社裡的同事們下班之後，通常都會相約去喝酒、打撞球、打麻將⋯⋯，而我卻沒有選擇過那樣的生活；我認為，老天爺好不容易給我這個機會，它不是讓我用來「揮霍」的，而是讓我要知道「把握」真正的意涵，「揮霍」和「把握」是不一樣的。

於是，我更加努力，利用每天早上上班前的時間，去馬祖國中當義教老師，去教導孩子們，進而也提升了自己的教學能力。

另一方面，在報社看稿子時，都是拿別人寫的文章來編輯，沒有自己寫的文章，我覺得太可惜了，就問社長：「我可以自己寫文章嗎？」社長：「可以啊。」我欣喜不已，不僅可以練習寫文章，還可以賺稿費，天底下竟然有如此好的事，於是我開始寫文章，一天可以寫出幾千字，同時讓自己的寫作能力更加提升了。不輕易滿足於安逸的我，又發現，可能是報社太偏遠了，從來無人投遞翻譯稿，於是我又問社長：「我可以寫翻譯稿嗎？」社長一樣回答：「可以呀。」翻譯的稿費，是一般寫稿的二倍，激勵我更加努力地寫翻譯文章，不知不覺之間，連我的英文能力也大大提升了。

從一個原本沒有人要做的小小社刊編輯開始，我願意去承擔起來，才有了後來的機會，到馬祖報社當主編，接下來的教孩子、寫文章、翻譯稿……也都是我掌握住的機會之一；因為有報社的歷練，今天的我才有運用文字的能力；有過林林總總的不同歷練，現在的我，成為一名作者，也已經出版了不少書，即便有時候忙到沒空親自寫文章，透過整理資料的方式，仍然可以不斷地出書，每年平均都可以出版 4 ～ 5 本書。

把握孩子的成長精華期

在一個孩子的成長過程，如果他經常是猶豫不決、扭扭捏捏，或者是有慣性拖延的不良陋習，那麼，孩子將錯過很多重要的時機點。

例如，孩子如果能夠把握當天的時間，把功課做好，就能空出閒暇的時間，去做很多有意義的事；不過一般孩子並沒有這樣做，相反的，他們會東摸摸、西摸摸、東晃晃、西晃晃，光陰就這樣被蹉跎過去了，沒有時間可以摸索方向、完成更多事情。

是恐懼？是渴望？

讓孩子懂得「把握當下」，性格中的積極性是很重要的，積極性是促使人們勇往直前、追求目標的內在動力。

現實中各行各業的佼佼者，皆具有積極的特質，內心假如缺少一股求勝的慾望驅使著，這樣的人是不太可能成為常勝軍的。

主宰人類動力的兩大情緒，就是「恐懼」和「渴望」。

恐懼驅使我們去做必要的事，限制、約束、赫阻我們的不當行為，例如：對於車禍、流血、骨折的恐懼，告誡我們不可以闖紅燈。

然而，恐懼造成的負面情緒，會導致憂慮、緊張和敵意，甚至當對恐懼的承受達到極限，會引發精神疾病和其他重大疾病。

反之，渴望則如同強力正極的磁鐵，促使、引導和鼓勵我們追求目標，它所產生的正面能量，就像衝出起跑線的奧運選手，或拉滿欲射的弓箭一般，強而有力，帶領著我們日日成長。

恐懼和渴望如同磁鐵的正負極，造就人生不同的命運。恐懼會不時地回溯過去錯失的良機和問題；渴望則會教孩子著重於當下。

一個充滿渴望、活在當下的小孩子會說：「我想要」、「我可以」、「我有機會」、「我一定辦的到」、「我對自己深具信心」。

所以，驅使孩子向前的動力是什麼？這是非常重要的。

與其讓孩子活在害怕再次失敗的恐懼中，爸爸媽媽不如多多鼓勵他，引導孩子掌握當下，認真做好渴望的每件事。

點滴累積起的實踐家

其實，父母應該告訴孩子：「念書時期，是人生當中最輕鬆的時期，當你是一個學生，在求學階段，你愛嘗試做什麼，就去做什麼，任何機會都不要浪費，這絕對不會讓你白做工。」

還記得在我念成功高中一年級的時候，放春假的前夕，同學們都在熱切地討論著，想找北一女的女同學們出去聯誼、遊山玩水，只有我不顧外界的異樣眼光，勇敢地舉手說：「老師，我想要去育幼院做義工！」

結果，我被壞同學欺負、毒打一頓。

然而，老師支持我這樣子的決定，於是我的春假就是去福安育幼院做義工，在 15 歲那年，我把握住機會，做了自己想要做的事；結果，這顆服務奉獻的小小種子萌發了，一直到後來的大學時期，我幾乎都待在服務性質的社團裡面，前往各個育幼院、兒童醫院幫忙。

到了今天，我經營的「實踐家」，其中一個事業體叫做「實踐菁英」。

在「實踐菁英」裡，我們做了 0 ～ 24 歲的全人教育生態平台；從孩子一出生，有坐月子中心；0 ～ 3 歲，有早期教育中心；4 ～ 6 歲，有幼兒教育中心，還有「豆豆幼兒園教學系統」（在大陸，有 400 多間的幼稚園使用這套系統）；7 ～ 12 歲，有實踐精英的課輔中心；另外，有 42 套各種青少年的課程、有楊氏速讀（全大陸的速讀班都是屬於實踐家的）、有英皇教育系統（大陸最好的補習機構）；還有適合 18 歲孩子的系統，設有海外遊學課程、留學機構；大一點的孩子想要創業，那麼有創業輔導；之後，若生小孩，可以回到坐月子中心；0 ～ 24 歲所需要的教育相關項目，「實踐菁英」都在做了。

而我之所以能完成這些事業，並不是天上憑空掉下來撿到的，而是多虧累積了過去種種經驗，才能有今日的所得。

奠定這一切的第一次經驗，就是高中時期到育幼院作義工，在那個階段當中，我學會如何與孩子們順利相處；之後，念大學時，我常到救國團當服務員，帶營隊、帶活動，上山、下海，參與社區鄉里服務；這些能力的累積，毫無疑問的，當然對我有很大的幫助，我更加確信，我可以幫助更多孩子，可以做到 0 ～ 24 歲的全人教育平台。

不管是寫作出書，還是教育事業體，今天眼前的這些點點滴滴，都是因為在生命的過程當中，尤其是念書求學的精華階段，我有把握住機

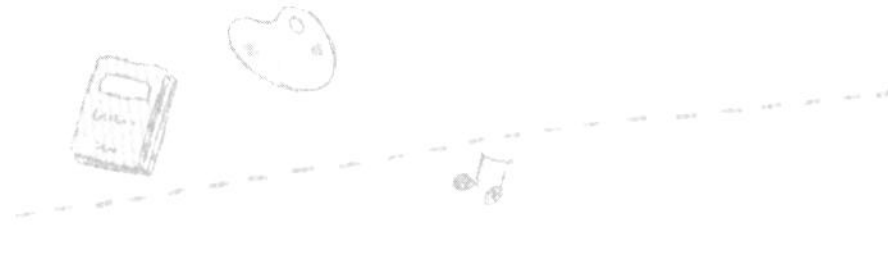

會，爾後，才如此一步一步地衍生過來。

所以，讓孩子在小的時候，就有把握住機會的能力，是相當重要的。

把握當下的嘗試，絕無損失

現今，全世界都在盛行創業，以中國大陸為例，正在推廣「大眾創業、萬眾創新」的觀念。身為一個大學生，如果選擇了「在學創業」，大陸政府就提供十萬人民幣；而假使是「休學創業」，那麼額度就提高到二十萬人民幣，政府幫助創業者出了這筆經費，就有了輕鬆一點的開始，這是個多麼具支持性的政策！只要學生們有遠見，能夠把握住這個機會，給自己一個除了在校學習之外的機會，去進行創業實驗。嘗試之後，即使沒有達到社會意義上的成功，至少已經獲得了寶貴的經驗。所以，任何一次「把握當下」所做的努力，都絕對不會是浪費的，也不需要覺得可惜，因為在將來的人生道路上，遲早會派上用場。

同場加映 小故事

阿里巴巴集團的董事長馬雲，在德國漢諾威消費電子、信息及通信博覽會上，受邀在開幕典禮上演講，他利用這次機會，在現場為德國總理默克爾表演了支付寶新技術「刷臉支付」（smile to pay）。

「Smile to Pay 掃臉技術照片」，這項支付認證技術由螞蟻金服與 face++ 合作研發，在購物後的支付認證階段，通過掃臉取代傳統密碼。

為了展示「Smile to Pay 掃臉技術」，馬雲刷自己的臉給現場嘉賓「淘」禮物，從淘寶網上購買 1948 年漢諾威紀念郵票，讓 1948 的漢諾威展和當下的漢諾威電子展，前後相隔 67 年的呼應。

馬雲為什麼要利用演講，順勢發表新產品，表演這一項新技術「刷臉支付」呢？實際上，以美國的蘋果公司（Apple）為例，每年有新產品即將要推出的時候，總要花掉上百萬美金的費用，就為了籌辦一場發表會；而馬雲只是把握住一次博覽會的機會，把握住這個有好幾個國家元首到場的場合，把公司裡最新技術的產品，利用了演講會場發表出來，順水推舟，就這麼輕鬆地省下了上百萬美金的發表會費用，且效果並不輸給一場正式的產品發表會。

也所以說，馬雲確確實實把握住了此次演講機會，在正確的場合中，以他的行動，創造出最大的價值，掌握最佳時間點的功夫可謂是一流。

有很多的機會在你眼前流竄，要懂得把握住場合、把握住機會、把握住時間點、把握住政策，這對於渴望成功者來說，實在是太關鍵了。

「有一天」如一場浮生若夢，「有一天」永遠也看不見；你可以收藏，你可以沉湎，但不用佇足於「有一天」；苦惱的人們都寄望著明天。

丹尼斯．魏特利（Denis Waitley）

Commitment

您的小孩玩電腦老愛保證「再玩五分鐘」，卻在經過了數十個「五分鐘」之後，仍然不肯離開電腦？您的小孩最喜歡誇下海口，卻從來沒有認真看待那些事情？您的孩子面對誘惑，總是忘記爸爸、媽媽教他的大道理？

第五把鑰匙

堅持承諾

父母親具有榜樣作用，言傳身教，帶給孩子的影響極其深刻，很多父母都抱怨孩子越來越叛逆，殊不知這正是平時對孩子言而無信的後果。爸媽說話不算數，不僅傷害親子間感情，還會有損家長的威嚴；花三分鐘回想一下，曾經答應過孩子的事項，您都兌現了嗎？

堅持承諾

Commitment

承諾是很重要的，做生意講求承諾，交朋友也講求承諾，人生處處講求承諾；我們可以想出百百種理由，只為了推託承諾，但是，兌現它，真的只在於一念之間而已。

堅持承諾不僅僅只是兌現所有說出口的話，更深一層的含義，也代表著必須兌現自己心中對真理的承諾，面對外界的慫恿、大環境的誘惑，孩子是否能堅持住那些良善的原則？

「你就是錢，錢就是你。」堅持承諾的好品格，將逐漸累積起信用額度，無論是社會、朋友、事業、生活，深受信賴就是孩子最大的資產，人們對於那些懂得信守承諾者，一定會給予相對回饋的。

吳娟瑜媽媽經

英文中常用來代表承諾的字眼有 promise 與 commitment，promise 通常是指當下的、眼前的，對於單純事件的保證；而 commitment 這個字，又包含了更大的信念，多數使用在表示一個堅決的決定，表示你願意持續付出時間與精力，確實地完成這項承諾。

究竟父母親要怎麼樣去教導子女，才能夠讓孩子們懂得堅持信念，堅持追求真理？即便是出現風吹草動，或是有利慾薰心的誘惑，都能夠自始自終不受影響、不造成任何心智動搖？

什麼叫信念？

每一個人都從原生家族、原生家庭，延續了許許多多前人的信念，所以，某個家族，與其他的家族，無論是言論也好，風格也好，信念也好，做事的態度也好，都會有所差異。

來自於同家族的成員，常常會有類似的、雷同的信念，尤其孩子就是父母信念的延伸，這些都是可以觀察出來的。

重點是，這些流傳下來的信念都是正確無害的嗎？有沒有符合全人類共通的福祉？是不是需要斟酌修改呢？

假如信念來自於一個竊盜世家，可能會認為能偷則偷、能搶則搶、各憑本事、看誰厲害，但是這種信念會污染孩子真誠可愛的心靈，在這樣的信念裡成長，會誤以為不告而取、欺善怕惡都是沒問題的，而從未聽說過那些為人類福祉存在的真、善、美，才是真理。

好信念必須符合真理

有些爸爸媽媽忙碌地討生活，為了三餐分身乏術，沒時間再深入探究真理，因而造成教養過程中的失誤，例如：某些不明事理的怪獸家長，當孩子與同學起衝突的時候，立刻跑去學校把對方小孩打一頓，或是對著老師大聲咆哮，卻忘了先反省看看自己孩子是不是也有做錯。

然而，真理是站在公平、公道的立場來判斷的，如果孩子只從家長身上學會比聲音大小、比拳頭大小、比誰的背景厲害，那孩子的成長過程，又能夠學習到什麼良好的信念呢？

所謂的真理，就是不被顛仆的道理，它是千真萬確，每一個世代都適用的。真理可以引導孩子成為一個愛人如己、助人為樂、腳踏實地、心地善良、不畏強權的仁者，他的信念、想法、作為都對得起良心，為大眾謀福利，有了真理，才能將好的信念傳承下去，促進社會的安穩與和諧，真理在這個世界、這個時代，還是非常必要的。

為什麼孩子要學習堅持承諾的能力？

正因為世界上存在著真理，所以整個社會有著一把大尺，對錯好壞，都有標準，這就是為什麼孩子需要培養起「堅持承諾」的能力，因為社會看重有守信用能力的人，一個「言而有信」的人，才能夠被大眾接受。

天助自助，貴人相助

怎麼樣讓孩子從小在家庭就能夠「說話算話」？比如說，孩子答應電腦要準時關機，或答應要好好寫功課，或者答應要照顧弟弟妹妹，當他說出「Yes」之後，爸爸媽媽要觀察看看，孩子有沒有腳踏實地，認真地去做到？如果有，那他就是一個堅持承諾的小孩。

這個社會是一個團隊合作的社會，同質相近的人會靠近，如果孩子參加的小團體是屬於懂得彼此分享、懂得互相照顧、懂得遵守承諾，那他就會懂得怎麼樣去把 promise 的事變成 commitment，答應過同學的事情、答應過老師的事情、答應過家人的事情，他都能夠一一確實地執行完成，絕不拖延、絕不敷衍、絕不推卸責任。

當孩子慢慢養成了堅持承諾的優秀品德，久而久之，身邊的人會看到他的特質，願意信任他，並且樂意給予幫助，孩子因為堅持承諾而得到更多貴人來相助，如虎添翼，不是很好嗎？

有一個叫做 Peter 的年輕人，他在某個小鎮當飯店侍者，每天開開門、關關門、拿行李、代客泊車，日子過得很忙碌，也相當充實。

某日，外頭正下著冰冷的暴風雪，街上已經不見任何行人的蹤影，一對老夫妻冒著風雪來到鎮上，沒有地方可以再去，於是他們蹣跚地走進飯店，希望可以取取暖、喝碗熱湯、睡個好覺，可惜的是，雖然有暖爐與熱湯供應，床位卻客滿了，沒有任何房間是空的。

老夫婦愁眉苦臉，不知道如何是好，善良的 Peter 看見了他們的苦惱，他立刻說：「現在外頭風雪如此大，你們也不宜再外出，這樣吧，如果你們不介意，我的宿舍房間就在這個飯店裡面，雖然空間頗狹小，但還是能睡上一覺的，你們能否忍耐一個晚上呢？」這對老夫妻當然很感謝，馬上說：「那就拜託你了！謝謝！」

Peter 做的事，是為了堅持一個承諾，因為他承諾過「我要善待每一位客人」，當客人們有困難，他願意竭盡所能來幫忙，所以他不願意半途而廢，說：「這邊已經沒有位置，你們快點去別的地方吧！」在大風雪裡面，他熱心地把大門打開，迎接了這一對老夫妻，還犧牲自己的床位，讓他們住一晚，此舉深深感動了他們。

後來，這對老夫老妻回到紐約以後，邀請 Peter 到他們家經營的大飯店來擔任管理者，因為他們看到這位年輕小伙子身上可貴的特質。

Peter的真理，就是無論來者有錢沒錢、是貧是富、穿著打扮好或壞，只要在能力範圍內，他將無差別之心地對待每個需要的人，這就是 Peter 的 commitment，他許下承諾並且堅持做到。

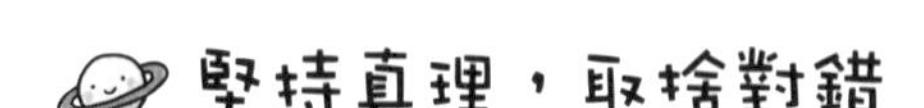

各位爸爸媽媽，當孩子碰到矛盾、掙扎的事，我們要怎麼去教導他們呢？怎麼去教導他們「要不要」、「是不是」、「對不對」、「好不好」？這也是親子之間一個很大的考驗。

譬如，同學問孩子：「地上撿到了錢，既然旁邊都沒有人看到，我們兩個人快點平分吧！」或者是說：「你借我抄一下考卷答案，也不會少塊肉！」撿到錢佔為已有、考試抄答案作弊，都是不誠實的行為。孩子在某些節骨眼上選錯邊，未來方向就有可能會徹底走偏。

有一部關於承諾的電影，叫做《為妳說的謊》。

故事男主角叫做湯姆，是一個看守燈塔的男士，被派到偏遠的小島當燈塔看守人，而他的妻子，伊莎貝，則陪同他一起前往，兩人非常恩愛地在島上共同生活。美中不足的是，伊莎貝一再地流產，已經流掉了兩個胎兒，她相當傷心，殷殷期盼能有個小孩，卻事與願違。

有一天，島上漂來了一艘船，船裡面載著一個尚有生命跡象的小嬰兒，以及一位已經過世的男士，推斷應該是小孩的爸爸；伊莎貝看到小孩，眼睛一亮，她感覺人生突然有了意義。

伊莎貝堅持地對湯姆說：「把她留下來，當成我們的孩子。這個島遠離市鎮上的人，沒有誰知道這個孩子究竟是不是我生的。」

湯姆左右為難，照道理來說，他應該要將這起船難記錄到燈塔工作日誌上，但是他很愛伊莎貝，也明白伊莎貝有多麼地想要一個孩子，所以湯姆在矛盾、痛苦中掙扎，不知道如何做決定。

這對夫妻於是欺騙了所有人，包括伊莎貝的父母，五年過去了，風平浪靜，直到有一天，來了一位尋找女兒的的年輕媽媽，似乎是孩子的生母。飽受多年良心譴責的湯姆，更加過意不去。

湯姆的信念是，身為燈塔看守人，必須盡忠職守，此外，孩子也應該由生母撫養才對；但伊莎貝的信念是，如果愛我，就應該讓我留下這個來路不明的小孩；於是，兩個人的信念有了衝突。

而最後，誰才是真理的一方呢？

當然，真理是站在湯姆這邊的，最後湯姆仍然決定將孩子還給懷胎十月的媽媽，他用了一些方法，引導這位母親重新尋找到女兒。

最後，湯姆被判刑，因為外界皆認為留下孩子是湯姆的意思，因為伊莎貝一直沒有講真話，她痛失愛女，認為湯姆將事情抖出來，背叛了自己。但是，湯姆心甘情願，他告訴伊莎貝：「就讓我為妳承擔所有一切，我愛妳。」並且，湯姆說：「我的人生有真理，我要信守我的承諾。」故事的結局，伊莎貝最終是原諒了湯姆。

這部電影讓我很感動，因為湯姆寧可讓老婆得不到所愛，也沒辦法熬得過良心掙扎，所以勇於認錯，也為了老婆而承擔所有一切。

湯姆的所做所為，都呈現了湯姆高尚的品格、處世真心的態度，以及他對於真理、承諾的堅持，在取捨的關頭他選擇了正確的事。

做父母的人，有必要用堅持到底的態度，讓孩子知道：是非要分明、對錯要分清，要堅定地站在真理的立場，堅持承諾，堅持做個誠實的人，避免孩子長大變成同流合污、人云亦云、是非不清的社會人士。

 如何訓練孩子擁有堅持承諾的能力？

既然堅定地遵循真理是一件如此重要的事情，身為父母的我們，如何訓練孩子們擁有「堅持承諾」的能力呢？我建議有三個點，是爸爸媽媽可以從日常生活中，特別去加強的：

爸爸媽媽的說話算話

第一個點，孩子要從小看到父母的「說話算話」。

爸爸媽媽答應孩子任何事，務必要說話算話，譬如說，父母曾經答應孩子表現優秀會給獎賞，那麼記得一定要給；或者是孩子有學校活動，父母說了要去參加，那麼千萬不能隨意放小孩鴿子。

是非對錯的觀念釐清

第二個點，當孩子在人生抉擇的矛盾裡，做父母的要陪伴孩子釐清，孩子在選擇的時候，是用什麼角度去做決定？

是以長遠努力後的好結果為標的？還是急功近利的選擇？甚至孩子認為掠奪式的方法有何不可？孩子在做選擇、做決定的時候，父母要讓他們有所領悟，怎麼做，才不會後悔。

團體生活的潛移默化

第三個點，就是鼓勵孩子多多參加團隊活動，學習與團體共同生活，做到為團體服務、為真理執行，在一次又一次任務執行中，透過團隊互相影響，會鍛鍊出堅忍不拔、奮鬥不懈的精神，孩子就有機會成為樂觀、進取、講信用、重承諾的人。

除非我們能夠在孩子的心中種下卓越的種子，否則冷漠和自私的雜草將會雜生，我們的社會也將萎弱與衰敗。

丹尼斯．魏特利（Denis Waitley）

林偉賢爸爸經

在這個浮誇的年代，很多人的最大毛病是「只會說、不會做」，嘴巴說出來的承諾，彷彿是投入噴水池的硬幣，沉下去了；把話說得漂亮很容易，結果卻做得很糟糕，這對自己的信用打擊是非常大的。

不守信者找藉口，守信者找方法

一旦你給承諾了，就要想盡辦法將諾言兌現，辦法想必是有的，關鍵在於願不願意做，倘若沒有堅持承諾的心，就會不斷地幫自己找藉口。

說來慚愧，我自己也有發生過這樣的故事：東吳大學 100 週年校慶那天，我遇到唸書時的老校長楊其銑先生，那一年他回母校接受傑出校友的表揚。楊校長看到我非常開心，因為我曾經是個退學生，百年校慶時居然回來擔任大會主持人，讓他感到非常欣慰。當時楊校長已經退休，長年居住美國，隔天他回美國之前特地打電話給我：「偉賢，我現在住在美國洛杉磯，如果你到美國來，一定要來找校長喔！」

「好！」我承諾了。

然而，我沒有積極地去完成我的承諾，而是將它擱置一旁，事實上，每年我都有機會飛去美國洛杉磯，每年都給自己找了各種藉口：「路途太遙遠」、「行程太緊湊」、「抽不出多餘時間」、「下一次總有機會」……，甚至將整件事情都給忘在腦後，遲遲沒有去拜訪楊老校長，而是一辦完事情之後，就直接轉往別的城市去了。

就這樣經過了 15 年，輪到我獲得東吳傑出校友的表揚，有機會看看歷屆傑出校友的近況，才得知楊老校長仍然住在美國，已經 90 歲高齡，並且罹患中風，肢體、口語表達都很辛苦，當下，我突然驚覺自己好糟糕，給出了承諾，卻沒有做到，心裡頓時出現複雜的情緒。

其實，實現承諾只在於瞬間而已，一旦決定兌現承諾，必定會想盡辦法，排除所有困難，而非不停地給自己找藉口。

於是，我立刻買了張機票，用最短的時間，安排好所有事情，直接飛去美國看校長，打算見到校長以後，當面跟校長說聲「對不起」，竟然花了 15 年的時間才能將承諾完成。

到了老校長家，他坐在搖椅上，背對著門口，我輕輕呼喚他，他一聽到我的聲音，馬上轉頭喊出我的名字，沒想到見面的時間相隔那麼久，他依然記得我是誰。目前，楊校長年事已高，身體不再那麼健康，但能夠去看看他老人家，兌現我的承諾，心裡面分外地踏實與安慰。

那一次到美國洛杉磯看校長，我只待了短短 3 小時，又飛奔到機場，前往北京去演講；橫跨太平洋東西兩岸，奔波 10 個多小時，就為了兌現 15 年前的一個諾言，再遠都必須去；所以，只要你願意堅持承諾，不論等待是否漫長，時間不嫌晚，一定會把事情做到。

言而有信，從小做起

在孩子的成長過程裡，要特別警惕孩子食言而肥的情形，譬如，孩子說：「媽媽，讓我玩 ipad 半小時，我保證，我玩完會認真寫作業。」殊不知，孩子不僅玩超過了半小時，最後作業也是草率地完成，一點也不認真寫。於是，當孩子下一次再要求 ipad 時間，將不會被媽媽允許，因為孩子曾經許下的承諾，沒有做到。

正所謂一諾千金，小時候說話算話的態度，比照長大後對承諾的實現度，它們的價值都是可貴的。

職場之上一諾千金

「Money and you」的創辦人馬修賽伯（Marshall Thurber），與他的事業合夥人，超人營（Super camp）的創辦人芭比．狄波特（Bobbi DePorter），在1970年代共同創辦一家房地產公司，這家公司經營得很好，在短短的3年內，營業額從25000美金，已經做到6000萬美金，也就是2400倍的成長。

在當時，有很多人希望可以為他們的公司工作，看看他們是如何經營企業的。這家公司在當時有一個特別的作法，他們規定：召集公司的員工們開會時，如果有員工遲來晚到，一律是直接開除。

對員工們來說，這是個很難理解的規定，他們則解釋說：「既然答應要來開會，就應該準時到，答應了，卻遲到了，就表示沒有信守承諾。承諾是商業的本質之一，做了承諾要和顧客見面，沒有在那個時間點準時到，就是違背了顧客的信任，同時也是違背了你的承諾。」

比較講究的顧客，也可能會因為業務遲到了，就不買房子了，那不就失去一筆重大的生意。所以，馬修賽伯與芭比．狄波特認為「說到就要做到」，已經承諾了，就要把事情做好，這是作為成功人士的重要關鍵。

商場之上使命必達

經營企業時，一旦對客戶承諾提供優良品質、如期完成案件、絕不偷工減料，或者保護公司及個人個資……等，無論是書面的承諾，還是口頭的承諾，對方信賴你，你卻沒有做到，那就是自己打自己臉，對方有了受騙上當的感覺，從此以後，再提出任何承諾，都將難以再被認同，有很多國際快遞公司，像DHL、聯邦快遞（Fedex）、UPS等，其中，聯邦快遞（Fedex）對自己就有很大的要求，他們強調「一諾千金」，因為他們認為在商業上檢驗企業信用度、口碑的唯一標準就是「是否可以對顧客們堅持承諾」。

所以聯邦快遞（Fedex）有個廣告，廣告中的快遞人員運送貨件時，遇到大塞車，於是他把車停下，用徒行方式繼續往目的地走；接著經過淹水區，於是他把貨件高舉過頭頂，仍然腳踩著水往前走……就是堅持要把貨品送達。而這支廣告成功地傳達了他們對於實現承諾的重視。

同場加映小故事

有一部家喻戶曉的電影《浩劫重生》，由湯姆漢克（Tom Hanks）主演，他在裡面正飾演一位聯邦快遞的送貨員，查克。

查克坐的飛機失事了，於是他流亡到一個島上，無人搭救；在島上流亡一段時間，查克在排球上畫了一張臉，並取名為「Wilson」，並時常對著它自言自語；一晃眼四年過去了，最終查克建造了木筏脫險逃離出去……這些都是名電影的經典場面。

而這部電影最後的畫面，是即使距離原定送達時間已經過了很多年，查克還是把包裹送到了收件人家中……

最後這一幕，深刻傳達了「使命必達」的理念。聯邦快遞（Fedex）最大的特點就是「使命必達」，說到做到。

聯邦快遞（Fedex）有著勇往直前的熱情，在競爭對手的眼中，塑造出了強大企業的形象，毫無意外，除了帳務整合、營運效率，聯邦快遞（Fedex）獲得最高評價的是：「兌現承諾」的能力。

S、M、A、R、T，承諾達成！

就小孩的角度來看，承諾就等同於目標的設定，當孩子設定一個目標，要怎麼做，才能做得好呢？在「SUPER CAMP 超人營」裡面，我們運用遊戲以及活動，使用孩子們都可以理解的方法，有效地教會孩子們五個基本目標設定的法則：「S．M．A．R．T」。

「S」Specific

目標必須是明確的、清晰的，是有畫面且足夠吸引你去完成的；想想看，在一定的時間裡，譬如 3 年內或 5 年內，你想要到達什麼樣的境界？例如：100 公尺賽跑可以跑出 13 秒的記錄，這是孩子心中真正想達成的事，就有明確的目標可以當作動力。

「M」Measurable

替自己設定下的目標，必須是可以衡量的，最好有一個具體數字的且能夠預測。例如：因為我希望達到學年成績的第三名，所以，第一次月考我至少必須班排多少？每次小考我要得到什麼樣的分數？這些項目都得要是被數量化的。

「A」Attainable

訂下一個可能達成、可能實現的目標；以一個 10 歲的孩子為例，他想成為太空人，這是能夠辦到的，但是他絕對無法摘下月亮送給爸媽……。可實現的目標才會被儲存在大腦裡，才可能會被實現。

「R」Reasonable

這個目標也要是合理的，設定一個合理的目標，才不要超過現實範圍太遠。例如：立志成為美國的總統，對於一個非本地的台灣孩子來說，就超越現實太多，太為難這個孩子了。

「T」Time

時間，必須是有期限的，擬定一個時間，告訴自己有多久的時間可以去完成目標，而不只是說說而已。

例如：我想要好好孝順父母，是從現在開始幫媽媽洗碗？還是等父母年老才去做？給目標訂個期限，更能夠讓目標被如期達成。

讓孩子採用「S‧M‧A‧R‧T」這五個基本原則去設定目標，更能夠讓目標真的被實現，當孩子學習「知道」而可以「做到」，自信心及學習的動機都可以自然而然地產生了。

當年，在一場「目標訂立研討會」上，10歲的Eric自願上台，並且發表他的答案，台下的聽眾都很開心，因為他們期望會聽到很多笑點。研討會的主持群卻不這麼認為，他們滿心期待著，認為Eric能比那些沒創意的大人們提出更有內涵的答案。

首先主持人問道：「Eric，你最大的優點、最想改進的地方是什麼呢？」他沒有遲疑：「我最拿手的就是做飛機模型，與打電動打得很好；而我最需要改進的地方是，我應該要清理自己的房間」。

主持人快速地換到下一題，詢問Eric今年的個人與職場目標是什麼？他說，個人目標是完成哥倫比亞號太空梭的模型，職場目標是要靠除草及剷雪賺得450元；聽眾會心一笑並表示肯定。

接著，主持人問了Eric，他明年的個人與職場目標是什麼？他回答說，他明年的個人目標是到夏威夷旅遊，明年的職場目標則是賺到700元來支付到夏威夷旅遊的費用。

主持群詢問Eric更多關於旅遊的細節，他說他應該會挑暑假的時候到檀香山（火奴魯魯）與茂伊島，搭乘達美航空或聯合航空（要看哪一家有最好的套裝行程）。我們問到這趟旅程最困難的地方是什麼，他說，最困難的地方，就是要讓父母存足夠的錢來支付機票錢，才能帶他去。

接下來是關於Eric的5年目標。他仍然沒有遲疑：「那時我將滿15歲，讀第十年級。」他用麥克風清楚地發表：「我想選電腦課，還有科學課。然後我每個月會利用課後打工，最少賺200元。」

他有自信地說著，聽眾沒有笑出來，就連Eric的爸爸也很感興趣，到底小兒子心中的「奇幻世界」裝了什麼？

Eric對於20年目標的問題想了一會兒，開始說道：「到時候我30歲，對吧？」我們點頭，於是他繼續說：「那時我會住在休士頓或是佛羅里達的卡納維爾角。我會是一個太空人，在NASA或是大型公司工作。我會把新的電視衛星放在軌道上，我會運送零件給一個新的太空站。我也會有很好的體格，因為當太空人的體格都要很好才行。」

Eric充滿自豪地發表著自己的人生藍圖……

Eric與其他人的最大不同是，他還沒開始相信他的目標是不可能達成的。他還沒有遭受過這個世界殘酷的洗禮，仍保持著純真。沒有經過世故洗鍊的「弱點」，其實正是他最強的力量。

然而，一旦設定了目標，你的心靈就會不斷地對著目標，來監測自我對話，與注意著面對環境的反應。藉著正面或負面的反應，可以調整決定，你的心靈在潛意識中會做出調整來達成目標。

而 Eric，這個 20 年前參加研討會的小男孩，現在如何了？不久前，Today Show 節目上有一個 NASA 的太空人，正在為太空梭取回要帶回地球修理的衛星，這位太空人真的就是他！

當承諾無法兌現

文字是有力量的，口語也是有力量的，一旦說出來，都是有責任兌現的，不能只是隨口說說就算了。

不過，有時候沒有做到承諾的原因，不是不願意去做到，而是可能給承諾的當時條件，和現況條件有很大的不同，以致於無法實現承諾；此時，為了表示對承諾負責，就必須要提出說明。

給孩子提出說明的機會

有時候，孩子答應父母一件事，事後卻發現他並沒有做到，爸媽也不要立刻就擺起臭臉，認定他是故意不去做；也許不是的，也許是現實的條件與環境發生了變化。

例如，孩子保證：「爸爸，媽媽，我今晚一定會在 6 點鐘以前回到家。」實際上，他卻是等到 8 點鐘才到家。這時候，父母不要立刻很兇地罵他：「你為什麼騙人？為什麼超過那麼久才回來？」也許，他在回家的途中，遇到車禍、遇到道路封閉，或是其他的麻煩。

堅持承諾重不重要？當然重要；完成承諾應該不應該？當然是應該做到的。可是在執行的過程中，孩子所遇到問題、困難，也應該被關注，並且給予他解釋說明、修正的機會，是比較合理、有價值的做法。

以承諾彌補承諾

我小時候也是一樣，約莫6歲時，家裡經濟情況比較差，於是我對自己許下兩個承諾：「將來我長大之後，一定要：一、把妹妹嫁出去以後，我才可以娶老婆；二、我要讓家庭辛苦的孩子，不會再受到欺負。」

第一個願望，我永遠無法做到，因為妹妹在28年前，就離開了人間。

當承諾無法完成時，如何是好？千萬別因為這樣就放棄，意志消沈，當時，我決定把專注力放在另外一個承諾上，把它做得更好。

誠如我的第二個承諾「我要讓家庭辛苦的孩子，不會再受到欺負。」一路走來，我們盡可能地幫助更多孩子，現在更積極地捐助了三個基金會（兩個基金會在台灣，一個基金會在大陸），讓基金會執行更多的社會公益，讓企業本身幫助更多人。雖然我的第一個承諾無法達成，可是當我將力氣擺在第二個承諾上，更努力實現，成果也就更令人滿意。

不管你給予的承諾當時有多巨大，多麼遙不可及，事後回頭去看，其實，都還好。也就是說，只要竭盡力氣地去做，往往做出來的結果，甚至會超越原本的承諾，而非留下無法達成的遺憾。

含有目標的精神就像是一個金礦山；其中的目標就是黃金；想法與夢想就像是礦砂。而這個礦砂，在去泥、成型與雕琢之前，是沒有價值的。

丹尼斯．魏特利（Denis Waitley）

Ownership

孩子過分依賴原生家庭，一點小事情都不會處理，都必須要家長在後面擦屁股？孩子控制不住自己的火爆脾氣，一不順心就與同學大打出手？孩子在學校闖了禍，理直氣壯，絲毫沒有在反省自己的模樣？

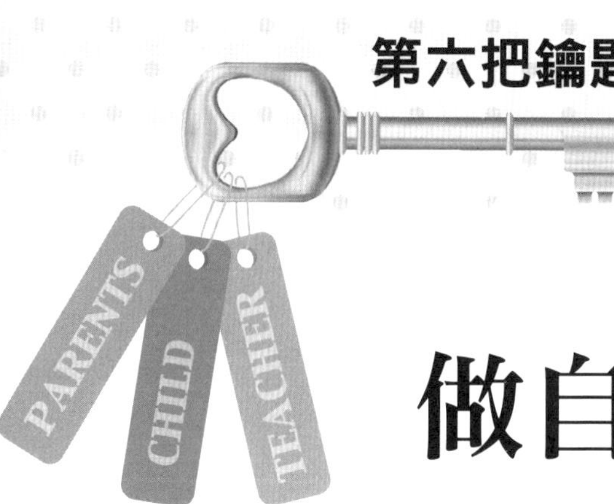

做自己的主人

替孩子做得越多、做得越周全，動手試試看的機會都被剝奪了，孩子只會變得更加無能，一無是處，然而家長無法照顧孩子一輩子，若到了該獨立的年齡，還像個永遠長不大的寄生蟲，在社會上將無立足之地。親愛的父母，您希望養孩子是「投資」或是「負債」呢？

做自己的主人

Ownership

杞人憂天的爸爸媽媽們，巴著孩子不放，始終不敢讓孩子脫離鳥巢，習慣性地幫子女打理所有細節、為子女決定每件事情、替子女鋪好未來道路……，殊不知這些行為的背後，對小孩正是最嚴重的殘害，孩子將失去獨立自主的能力，事事仰賴別人，彷彿像是放棄了自己生命的掌舵權。

「給他一條魚，不如給他一支釣竿。」孩子的學習力其實很強，只要爸媽捨得放手，往往能夠在青春勃發的年紀，為自己闢出一條道路，或許崎嶇，但才是屬於孩子自己的人生模樣。

林偉賢爸爸經

現在的小孩在成長道路上遭遇到一個很大的麻煩，那就是來自於父母、爺爺、奶奶、外公、外婆……等長輩的決定太多了。

有很多人，從小到大，一切的決定，都是跟著父母的操控去做選擇，而不是由自己來做決定。

有的孩子，小時候學習任何東西，都不是因為自己的意願，而是父母年輕的時候沒有完成的夢想。譬如說：爸爸、媽媽童年家裡窮，沒辦法學鋼琴，總是看著有錢鄰居小孩彈琴，心裡羨慕不已，於是結婚、生孩子以後，等到孩子年紀大一點，家裡的經濟條件好一些，就要求小孩要學鋼琴。所以，有很多很多的孩子，他所接觸到的專業技能，都不是自己想要的，甚至日常生活的休閒、娛樂，也不是自己感興趣的。

很多上一代的家長，巴不得搶先將兒女、孫子人生的路給舖好，孩子才牙牙學語，就幫孩子報名正音班；孩子還在學加減乘除，就替孩子報名數學進階班；孩子對中文感興趣，偏偏要孩子專注在研讀英語；孩子想成為郵差，卻潑孩子冷水，告訴他將來當醫師、律師才有前途；而在孩子的求學過程，選讀科系的時候，長輩又開始叨叨唸唸，哪一個科系比較有前途、哪一個科系出來會賺大錢，最後，小孩背棄了自己心中最渴求的科系，填下了爸爸媽媽認可的志願；於是，當他熬到畢業、進入社會職場，選擇的工作、事業，也都不一定是自己所喜愛的，於是只成了上班機器，對職業沒有熱情，對人生也沒有熱情。

當為人父母者忽略了培養孩子「做決策的能力」，總是取代孩子的位置，替他做決定、幫他做選擇，在此環境中成長的孩子，只會變得更加依賴別人，他們心智成熟速度會被削減，長大後將面臨更多的困境。

 孩子不是爸媽的僕人

給孩子自己做選擇的機會，讓孩子做自己的主人，對於培養一個有擔當的孩子來說，是相當重要的步驟。

以我自己的兒子為例。我的兒子今年 28 歲，想當年他在師大附中念書時，就已經清楚知道自己想要做的事情是什麼；他希望未來能夠在醫院就職，從事臨床心理方面的工作，考慮到當今社會充斥著許多心靈層面有糾結的人，他希望能夠透過職業，去幫助這些困擾的病患，處理

他們生命中遭遇到的挑戰。

身為一個爸爸，我經營了很多事業，擁有龐大的商業體，海內外設立多家公司，當然我私心希望兒子可以成為接班人，以家長的立場作為出發點，這是對他來說最好的選擇。

然而，這樣主觀的想法是不對的，「最好的選擇」應該是由他自己來認定，而不是由家長或外界眼光來認定。

所以，我調整了自己的想法，既然兒子沒有意願接班，對爸爸現在正在做的事業一點也不感興趣，那他又為什麼一定要接班呢？硬要兒子來接班，不見得一定是最好的選擇；以社會角度來看，或者企業經營角度來說，有負責經營者，有股東、有董事，他們都可能是更適合的傳承者，為什麼接班一定要是有血緣關係的自己人？

任何一個人，如果他做了一個很勉強的決定，這個決定違背了自己的本意，或是違背了自己的能力、違背了自己的興趣、違背了自己的意願……等，那都不會是最好的狀態。當孩子表現出沒有興趣、沒有意願，父母卻依然強迫孩子去執行，不就是將孩子當成僕人了嗎？這樣的孩子，只懂得當一個僕人，不懂得當自己的主人，將來又該如何替自己作主。

最後，我非常尊重兒子的想法，支持孩子往自己選擇的方向努力，升學考試時，他考上了政治大學，開始專攻心理學系，一直念到成功大學醫學院臨床心理研究所，這些選擇，都是由他自己做的決定。

為什麼爸爸媽媽替孩子做決定是不恰當的？代替孩子做決定，當事情不如預期，家長似乎脫不了干係；相對的，讓孩子自己選擇他要的那一條路，那將是他自己的責任，他就會自己承擔結果。

我也被兒子深深感動，他決定走上這樣的道路之後，一路走來其實很辛苦，因為路是他自己決定的，過程中也是甘之如飴；經過如此漫長

的學習之路，他現在已經服完兵役、考取所有心理學相關執照，準備進入醫院的體系發揮所長，而我由衷地替兒子開心、以兒子為榮。

現代孩子缺乏的挑戰

聯合國教科文組織曾經特別提出，現在的孩子們缺乏某些挑戰的機會，主要可歸類為五大挑戰：

一、獨立、自主、負責任的能力不夠

相較於以往，現在的孩子在性格上有著「不獨立」的特點，依賴性強，難以自主。這樣子的現象，都是因為父母太愛代為做決定，當決定事情的那個人不是自己，一旦出了什麼問題，孩子當然認為自己不用負責任，反正一切出包都有父母扛著，孩子也就變得越來越糟糕。

甚至有很多知名人士，都在為自己孩子成長問題深感苦惱，生長的環境太優渥，大人們長期太寵愛孩子，什麼事情都幫孩子做完，茶來伸手、飯來張口，逐漸養成孩子們依賴的性格。

二、面對挑戰的勇氣態度不足

現在家庭裡只生幾個小孩，獨生子女特別多，如果是與爺爺奶奶、外公外婆住在一塊，那更自然是寵上加寵。父母、長輩幫孩子擋風擋雨的，不要求孩子面對自己製造的問題，甚至不敢讓孩子嘗試任何事情。

當孩子什麼都不去嘗試，根本沒有機會可以真正的認識自己，因為他沒有接受挑戰過，不知道自己的極限在哪裡，不知道自己的能力在哪裡，不知道自己什麼能、什麼不能，從頭道尾都沒有去嘗試。父母只求孩子專心讀書，最後孩子成了書呆子，除了讀書，不知道還能做什麼。

這樣的孩子，長大遇到挑戰時，是沒有勇氣的；發生小事情就當起縮頭烏龜，回家找爸爸媽媽吐苦水；當事情嚴重到不可收拾時，則一哭、二鬧、三上吊。應該讓孩子從小勇敢地承擔、勇敢地承諾、勇敢地去做自己想做的事，這是為了將來長大成人後的勇氣發揮。

三、不擅長學習如何學習

我們的孩子，都是在填鴨式的教育方式下長大的，跟著老師做決定，計算步驟與老師不同，就不是最佳解答；答案和老師的答案不一樣，通通都是錯誤的；只有被填充，卻沒有靈活思考的空間，也因為如此，孩子永遠不曉得該如何進步，只能停留在原來的框架裡。

很多孩子在學習上不能做自己的主人，只會跟著同學做、跟著老師做，沒有自己的學習計畫、學習方案，更沒有想過，自己的人生要往哪個方向走。孩子需要學習如何學習，孩子真正需要的是主動的能力，而不是只有被動、被迫接受的能力。

四、不懂得創新突破

一個沒有創新能力的地方，就會呈現出山寨品多、仿冒多的情況，事實上，那也是一種不把自己當做主人、把自己當做僕人的做法；別人做的東西，就跟著做，去盜版、去複製，沒有提升自己的能力，沒有做自己的決定，拉高自己的位階，讓自己做一些不同的嘗試。

孩子越是有創新能力，他就會對自己越有信心；越是沒有創新能力的孩子，只有跟著別人、模仿別人，他當然就越沒有自信，他不相信自己可以做得到，因為沒有嘗試，所以沒有把握。

五、欠缺領導力

以前，只要在打敗了很多人之後，就可以成為領導人；而現在要成為一個成功的領導人，方式已經大不一樣了。

富勒博士說:「你可以為越多人提供服務，就可以創造越大的財富。」幫助的人群越多，成就的價值就越大，身為一個出色的領導人，應該多多為大眾提供幫助，因此贏得最多的肯定，當然可以走得最遠。

關於孩子的自尊心

有自尊心的孩子，尊重自己，懂得羞恥，知道該為自己負責任，做自己的主人。聽來抽象的自尊心，究竟是什麼東西？

當今全球社會下的家長與子女，都混淆了自我尊重的概念，許多人錯誤地認定「自尊心」是自己的社會地位高低、自己所擁有的金錢多寡，以及自己受歡迎的程度去堆疊出來的。

除了枉顧內在的價值之外，自尊的概念還牽涉到外在的生活型態，所有媒體所傳遞的訊息都表示，自尊就是膨脹自我，並且維護自身，在名流導向及物質文化中佔有一席之地。

換句話說，自尊的本質已經喪失，與錯誤的大鳴大放、自我放縱、獨善其身、物質至上……等觀念糾纏不清。

其實，「自尊」指的是我們對自己本身及自我潛力的感受，完全無關社會地位；健康的自我尊重，是人生勝利組最根本的性格特質之一。

「我喜歡我自己，我喜歡做我自己，喜歡我擁有的背景。我知道自己或許並不是人群裡最好看的人，但是我卻是極度有自信的人。我只想當我自己，不想成為世界上的任何其他人。」

這就是勝利者內心的喊話。

真正的自我尊重，與核心價值息息相關。有自尊心者，並非自我中心的人，而是仁慈地對待周遭事物。

孩子內在的自尊心，能協助他們做正面的決策，如果他們對特定的學習領域感到興趣，他們會認為即使一開始的過程會很痛苦，但是學習新事物都是值得去挑戰的。

自尊心讓孩子決定坐在第一排、做好參與及互動的準備，而不希望躲在教室後方，混在人群中及受到忽視。

真正懂得自我尊重的孩子比較能夠：

- 承認錯誤和失敗，而沒有低人一等之感。
- 接受不同的意見，而沒有被排擠之感
- 接受讚美或禮物，並說「謝謝」，不會感到罪惡或被施捨。
- 對自己的退步和錯誤一笑置之，而不會自嘲。
- 輕鬆自在的表達個人意見，甚至是面對同儕的不同看法時。
- 喜歡自己獨處，而不會感到孤單或孤立。
- 不評論他人對錯，不會老是試圖糾正他人。
- 讚賞他人的成就，不會忌妒或懷恨在心。
- 愛說故事或交談，不會自吹自擂或試圖成為聚會靈魂人物。
- 面帶微笑並長保喜悅，不受日常的挫折影響。

「主張」提升孩子的價值

套句蘇格蘭威士忌第一品牌 Johnnie Walker 的廣告詞「Keep walking，走自己的路。」這樣給予群眾深刻印象的標語，象徵一種堅毅不拔的生命態度，所代表的正是約翰走路的品牌中心思想。

讓孩子從小就懂得做自己的主人，懂得安排自己的事情，懂得替自己做出抉擇，這與企業的經營是同樣的道理，企業也要做自己的主人，經營企業品牌、擁有企業主張；而擁有主張，正是能夠當主人的第一步。

很多人是缺乏想法、缺乏主張的，受雇於人時，對公司的要求沒有自己的主張；經營事業時，對企業品牌沒有自己的主張、對企業文化沒有自己的主張；這將使得企業沒有立足點，客群也不知該聚焦於何處。

同場加映 小故事

北京紅透半邊天的烤鴨餐廳「全聚德烤鴨」，唯獨只做烤鴨一樣東西，不染指其他項目，在競爭激烈的烤鴨餐廳中，憑藉這一點堅持，他們走出自己的道路，烤鴨專門餐廳，這就是屬於他們自己的品牌特色，因此老饕們一再上門，覺得「全聚德烤鴨」值得信賴。

再舉個例子，我家附近有一間麵包店，他們基於「地球環保」的理念，堅持不用劣質的油品，多了這一份堅持，就讓他們的麵包不一樣了。

當你做自己的主人，有了屬於自己的主張，並且願意為了這個主張全力以赴，那麼你的品牌將被賦予全新的價值。

企業的所謂多元化，其實都是利潤誘惑的結果：看見利潤的機會，不去做才是傻瓜。但是，隨著時間的拉長，企業終究會明白一個道理：那部分不該得的利潤，最終會以失敗的代價還給社會。

接納自己，成就團體

當每個人都懂得為自己負責任，自己所做的每件事，都不需別人督促、叮嚀，不需要拿別人的尺來衡量自己的行為，自己做錯事情時，亦不會推卸責任；因為深深認同團體的主張，他們自然願意把對主張的服從做到最好，而此時此刻，每個人都是機構裡的主人。

同場加映 小故事

名聞遐邇的證嚴法師，要管理如此多的慈濟會員，她靠的是什麼？也是她的主張，也就是慈濟的中心思想。

加入慈濟的師父，便是認同了慈濟頌揚的思想，才會身在其中，他們清楚明白自己有統一的文化、方向、信仰，於是分分秒秒做自己的主人，分分秒秒自律，所做的一切事情都是代表著機構，為了讓組織能夠得到最好的呈現，每個人都願意努力去做到最好。

公司裡的員工、學校裡的學生也是如此；如果學生認同學校的規定，就會把規定做到最好；如果員工認同公司的主張，努力把工作做到最好，隨時隨地彰顯公司的主張、公司的企業文化，就會得到最多人的肯定。

因為，其實我們每一個人都是自己的主人，也是團隊裡的主人、組織裡的主人、公司裡的主人；隨時隨地把自己當主人，唯有在這一種情況下，才會有責任感。一個擁有「主人心」的孩子，不會輕易將自己當作過客，而會勇敢承擔起責任，力求卓越。

這是一種自我接納的能力，認定自己是獨特、多變、不完美及成長中的個體，同時也認同自我潛力、限制和偏見，希望成為領導者，或者是出色的團體成員，這些都是不可或缺的特性。

所以，爸爸媽媽的主要工作，並不是替孩子做決定，而是教授孩子如何接納自己的特點，發掘自己的長項，展翅高飛，讓他們依照自己的夢想和特殊的才能，發揚團隊的理念，去成為一位出色的人。

我相信我和世界上其他的人一樣出色，雖然可能無法登上時代或人物雜誌的封面，我還是能成為卓然出眾的人物，雖然我並非團體中最俊美的人，但是我總是能在團體中看到自己的好。

丹尼斯・魏特利（Denis Waitley）

吳娟瑜媽媽經

我們要教孩子做自己的主人，訓練孩子可以控制自己，控制自己的脾氣、控制自己的行為、控制自己的決定，並且能夠承擔相關後果；一個孩子如果能夠為自己的行為負責，願意自行擔起往後人生的任何責任，那不就讓爸爸媽媽非常放心嗎？

為什麼出現那麼多不負責任的「小屁孩」？

很多長輩常常在講「一代不如一代」，其實每一代都有創新的、有趣的、傑出的孩子，但是，現在的小孩普遍給人的感覺，都是不太負責任，究竟為什麼會有如此多「屁孩」呢？關於這一點獨特的社會現象，我認為可以從三種類型下去做分析：

媽寶型小孩

會教養出媽寶型的小孩子，通常都因為家裡照顧得太周到了，尤其是媽媽，最喜歡從頭到尾去包辦孩子一切的生活事項，譬如說：整理書包、檢查作業、幾點起床、幾點睡覺、服裝穿著……等等，甚至連早餐吃些什麼、烤吐司要幾分熟，也通通由媽媽來決定。

因為被照顧得無微不至，媽寶型的孩子容易把責任分擔弄糊塗了，他分不清楚哪一些是自己的責任、哪一些是別人的責任，誤以為所有的責任都是媽媽的責任，如果做得不好、出了岔子，也認為家長應該要出面替他承擔、代替他受責備，如果對他們有所責難，媽寶型的孩子甚至會理直氣壯，覺得委屈，不明白挨罵的人為什麼是自己。

相信很多人都聽過，社會上還有某些更誇張的案例，譬如說，有些小孩一直到大學畢業了，應徵工作的時候，仍要爸爸媽媽帶著去，隨時陪伴在身旁，爸爸媽媽有時主動跟主考官積極爭取，不斷誇獎自己的兒女有多麼地優秀，如果主考官沒有錄取，怪獸型的家長甚至當場就開始抱怨、發飆。這是何其令人瞠目結舌、嗤之以鼻的畫面。

父母親從小時候開始承擔太多，這類媽寶型的孩子們，就一直沒有弄懂，其實有很多事情是自己應該負起責任的。

霸王型小孩

許多霸王型的孩子，都是來自於三代教養的家庭，所謂的三代教養，在大陸有一個說法，叫做「4+2+1」，由爺爺、奶奶、外公、外婆四個長輩，加上爸爸、媽媽兩個人，下面則是唯一的獨生子、獨生女。

在三代同居、隔代教養這樣的家庭環境下，長輩通常是搶著疼愛孫子、搶著對孫子好，家中的小朋友猶如掌上明珠，被每個人捧在手心疼，沒有兄弟姊妹來爭寵，獨享全家人的愛護。

在這樣的家庭裡面，倘若爸爸媽媽忙碌於工作，沒辦法兼顧教養之責，孩子很容易就會在家庭成員的順序裡面「越位」，越過爸爸媽媽的位置，站到爸爸媽媽的頭頂上，對爺爺奶奶予取予求、對外公外婆頤指氣使，甚至永遠不知道滿足，經常責怪長輩們給予他的太少，對於長輩毫無體諒與尊敬之心，像這些例子，都已經是不適任的小孩。

放棄型小孩

放棄型的孩子，是現在社會上越來越常見的一個令人心疼現象。

有的父母天天吵架，讓下一代以為婚姻就是天天吵架；有的父母則已經離婚，當孩子跟著單親爸爸或單親媽媽過日子，他的生活變得不夠完整，只能享有其他孩子一半的關愛，即便單親家長心有愧疚，希望能夠盡力填補，卻往往因為承擔較重的經濟壓力，有志難伸，只能對孩子的所作所為睜一隻眼閉一隻眼，孩子做對了沒空誇獎他，孩子做錯了沒空矯正他，可以說是對教育呈現出半放棄的狀態。

無論是上述哪一種家庭，在如此欠缺關懷的環境下成長，孩子特別容易對人生、對生活、對前途都失去了信心，自暴自棄，認為自己沒有人愛，因此他們有更大的機率，變成吸毒的孩子、混幫派的孩子、飆車的孩子，或者是在網路上亂七八糟，製造各種社會問題。

媽寶型的孩子、霸王型的孩子以及放棄型的孩子，他們都並沒有做自己的主人，因為缺乏那一份替自己人生負責的責任感，他們有的依賴家庭、依賴爸爸媽媽，有的只曉得飯來張口、毫無上進之心，有的絲毫不懂得羞恥，犯錯了同樣無法承擔，這些孩子手掌上沒有握著「做自己的主人」這一把鑰匙，將成為家庭更大的負擔。

孩子做自己的主人，有什麼好處？

子女 18 歲以前，父母應當盡心盡力，從不同的階段、不同的角色，訓練孩子能夠注意自身言行舉止，例如像是對長輩有禮貌、對兄弟姊妹友愛、用功讀書與學習、對未來有規劃、每天更上一層樓……等，這都是孩子應該知曉的責任。

父母放下心上大石

拉拔孩子到 18 歲的過程中，如果孩子足夠穩定乖巧，那麼，19 歲以後父母就會輕鬆許多，只要持續地信任與祝福就好了。

19 歲以後，父母的角色對孩子來講就是「人生導師」，不是管教過程中的「指揮官」、「教練」、「輔導者」，因為孩子長得這麼大，如果他已經學會做自己的主人，那麼他便能夠帶著父母的信任與祝福，勇闖天涯，積極往前，獨立地去尋找自己可以發展的人生方向。

子女在人生道路上走的過程，慢慢會建立自己的經驗，慢慢會找到人生發展的立足點，萬一有什麼挫折，再回頭找父母親商量，並再次接受挑戰，孩子一路在做自己主人的過程，有時候不那麼明確，但至少有方向、有明智的爸媽陪伴，勢必會越走越清楚。

孩子不會怨懟家庭

讓孩子做自己的主人，有了「為自己負責」的觀念，無論結果好與壞，孩子都不會去抱怨家庭，例如：「都是爸爸媽媽逼我做這個決定」、「都怪我們家庭背景不夠顯赫」、「都是家裡的大人不能提供我錢來投資」、「都是因為家裡窮我才無法完成夢想」……等。

所以，從小教孩子做自己的主人，就可以免除上述這些推衍卸責的家庭戲碼，讓孩子獨立地尋找自己人生該走的方向。

父母如何教導子女成為「責任者」？

我們可以將父母分類為四個角色，拯救者型、迫害者型、受害者型、責任者型，讓父母親好好審視一下，自己是屬於哪一種角色的父母。

拯救者型父母

拯救者型的父母，老愛拯救遇上困難的孩子，常見的口頭禪有「讓我來」、「我幫你」、「我做就好」……等等。

譬如放學的時間，有些不肖屁孩從校門口走出來，一看到爸爸或媽媽，就立刻把身上的沈重書包脫下來，態度理所當然地順手拿給來接自己的家長說：「幫我背！」長輩如果沒注意到這個成長的陷阱，甚至會覺得很窩心，覺得孩子跟自己好親近，就接過來幫忙背了。這種典型的拯救型父母，所對應到的，就是依賴型的子女。

依賴型的子女，凡事都習慣依賴大人們為他而做，即便是寫回家功課這樣子的小事情，也無法自己獨立完成，一邊愛寫不寫，一邊喊道：「爸，媽，這題我不會，你們快點來！」而拯救型父母一聽到，一秒鐘內放下手邊的事情，就衝了過來，替孩子解題。

其實，當孩子對功課有疑問時，爸爸媽媽請勿隨傳隨到，應該讓小孩子們知道，每個人都有時間自主權，應該尊重別人手邊正在忙碌著的事情；當需要麻煩別人教功課時，首先態度要有禮貌，接著彼此約定一個時間，例如半小時後，等待爸爸媽媽忙完了，再來幫忙。

如果子女有上述的壞習慣，父母應該透過耐心溝通，讓孩子學習獨立，進而懂得要為自己的作業負責任，為自己的行為負責任。

迫害者型父母

迫害者型的父母對孩子的要求太高、態度太嚴厲，對孩子最愛口出惡言：「你那麼笨是誰生的？」、「你連這個都不會？」、「你到底要我教你多少遍？」用語言上的暴力，造成孩子心靈上的挫折感。

這一類的負面語言，即使並非爸媽的真心話，但是孩子一旦聽多了，後來就會相信它的真實性，認為自己永遠不夠好。

迫害者型的父母會教出兩種類型的小孩，一種是對抗到底的孩子，因為他認為自己不像父母說的那麼差。

而另外一種孩子是，接受爸爸媽媽的說法，承認自己是扶不起的阿斗，並且失去追求進步的動力，對於人生道路徹底的放棄，因為對自己再也沒有信心，所以變成了活得不快樂的孩子。

受害者型父母

受害者型的父母總是散發悲觀情緒，在小孩面前說：「我們命苦」、「我們能力差」、「我們沒有那麼有錢」。

當爸爸媽媽成天帶著一種受害情結來和子女們互動相處，這些孩子自然就受到父母的負面想法洗腦，也受到父母的負面情緒影響，認為自己不夠好、機會不多，逐漸產生一種自憐、自怨、自艾的情緒，那這樣的孩子，他又如何進到社會跟人競爭，力爭上游呢？

兒童時期正是培養孩子自信心的重要階段，爸爸媽媽正是他們的信心來源，也是孩子心目中的偶像，如果連偶像都這般意志消沉，孩子又該如何對自己、對家庭、對未來保持著積極的想法呢？

即使實際情況並不相當理想，家長也可以有不一樣的表達方式，讓孩子在明白狀況的同時，也能夠抱持著樂觀的態度，持續培養競爭力，而不是浪費時間在羨慕別的家庭，卻忘了自己是人生的主人翁。

責任者型父母

以上三種父母，都是比較負面的，拯救者會教出依賴型的小孩；迫害者會教出對抗或自卑的孩子；受害者會教出自憐、自怨、自艾的下一代，而第四種「責任者型的父母」會教出什麼樣的孩子呢？當然，責任者型的父母，就會教出懂得為自己負責任的好孩子。

責任者型的爸媽，懂得一個很簡單的處事道理，那就是「要做就不要怨，要怨就不要做」。

如果能夠利用這兩個口訣來教育孩子，也能夠讓孩子踏踏實實地善盡責任，並且不輕易開口抱怨。

舉個例子：有些年幼的小孩洗澡時，往往要媽媽幫忙準備衣服，剛開始媽媽可能心想，孩子年紀尚小，幫一點忙沒關係，但是孩子一天天長大，教導方式其實需要改變；如果孩子都已經國小六年級了，還在浴室裡喊：「媽媽幫我拿內褲！」責任型的父母會好好跟孩子講清楚：準備換洗的衣物是自己的責任，爸爸媽媽沒有義務幫忙。

其實，希望教導出責任者型的小孩，只要簡單做一件事情就好，那就是做一個責任者型的父母，謹遵著「要做就不要怨，要怨就不要做」的原則，已經身為父母，就不要抱怨「為什麼生出這樣的小孩？」而是

好好地將小孩教育好。

同樣的道理，如果替孩子做太多，孩子不獨立，爸爸媽媽容易心有怨言，那麼一開始就不該通通幫孩子做到好。

關於「替孩子做太多，孩子不獨立」，我自己有一個切身的經驗。

我有兩個兒子，還記得當初兩個兒子都還在受教育年齡的時候，某一天，小兒子剛剛從學校放學回來，才回到家裡，走進門來，劈頭就對我說道：「媽媽，妳害我今天被老師打手心了！」

我聽了問他說：「怎麼啦？」

他回答說：「有一題數學，我寫錯了，妳沒有幫我檢查出來！」

聽到這樣子的指責，我嚇了一跳，原來孩子在計算上粗心，運算過程中出了差錯，答案是錯誤的，卻認為是媽媽沒有把功課檢查好，而不是自己沒有把功課做好，自己應該承擔起後果。

經過這件事以後，我徹底深刻地反省，從那一天開始，再也不幫他檢查功課，我只檢查大項目：功課有沒有完成？並且簽名。

但是，國文字體有沒有書寫工整、數學有沒有每一題計算寫對……等等，這些歸小兒子自己管，我再也不插手了。

當我這麼做以後，孩子的作業出錯的時候，再也不會去責罵別人，而是自我檢討。後來，包括攜帶什麼學用品，或者是學校交辦了什麼事項，我也都與兒子們講清楚：「自己的事情都由你們自己注意，如果粗心遺漏了，爸爸媽媽不會特地跑到學校幫你們送過去。」

父母如果成為責任者的時候，孩子會對自己的行為就更加負責任，在四個角色裡面，爸爸媽媽要選對角色，做一個「責任者型的父母」，如此才會教出能做自己主人的小孩。

當然，小孩一路尋找自己、做自己的主人，也要在父母的陪伴下，練習做決定、練習做判斷、練習在各式各樣的挑戰裡面做對的選擇，萬一錯了，他們也懂得自己負起責任，然後不怪罪別人，下次再把它修正更好，這樣就對了。

父母親乃是教養孩子「責任」的重要良師；親愛的父母們，請指引孩子們方向，孩子們只是模仿你們，忠實呈現在他們的舉動上。

丹尼斯．魏特利（Denis Waitley）

Flexibility

您的孩子是否異常地固執，聽不下任何的建議與勸諫？您的孩子遇到困難時，他懂得要轉個念頭、改變想法，換個方式嗎？您是否遇過孩子垮著臉，卻不肯向任何人表達心中不滿的原因？

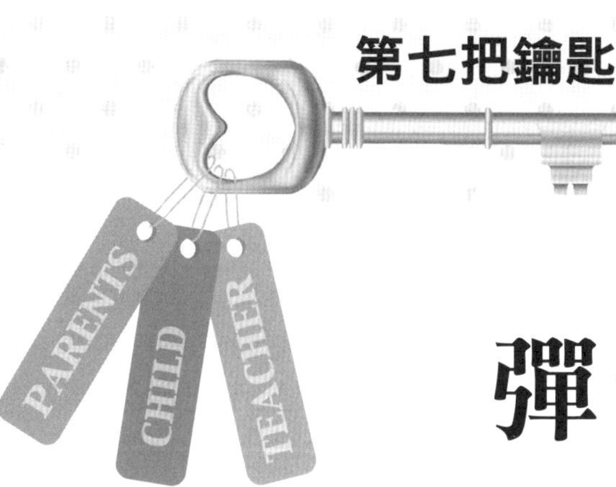

第七把鑰匙

彈性變通

死板板的性格，對於改變接受度特別低，即使遇上阻礙也不懂得轉彎，這樣的孩子，特別容易在人生的路上被卡死。希望增加子女的彈性，爸媽也應該採用彈性的教養方式，因材施教，知錯能改，並且帶領孩子向外走，接觸新的東西，培養靈活思維，勿當井底之蛙！

彈性變通

Flexibility

每個孩子必須有因應最新狀況的能力，根據最新趨勢，適當地調整一下自己的想法，讓自己的做事方式變得更有彈性，並且隨時隨地勇於改變，再去學習更多新觀念、新方式、新技能，才能避免被時代的齒輪給淘汰掉。

在與孩子溝通的過程中，如果有一對父母親習慣先對子女擺出沒得商量的姿態，孩子當然沒有機會認知、學習到：「每件事情都是有改變空間的」。欲教養孩子成為懂得變通的人，父母的教育方式要先具有彈性，多多聆聽孩子的看法，試試孩子的建議，有時候可以讓自己更好，也促進雙方的交流。

林偉賢爸爸經

回想一下第五把鑰匙「堅持承諾」，與第七把鑰匙「彈性變通」，似乎是相互矛盾，事實上，這兩種概念彼此並不衝突。

所謂的堅持承諾，表示開口答應之事，要努力將它們做到最好，然而，在執行的過程當中，按照原先的路徑，也許會發現障礙、產生問題，面臨到不同的挑戰，此時，適當做調整是有必要的。

舉個例子，如果在開車回家的路上，遇到塞車，假使堅持走原先的路線，可能會卡在原地、動彈不得，於是換走另一條路，感覺路像是繞遠了一點，其實，結果卻會更早回到家；因為塞車所停留在路上的時間，比你繞路走的時間更長。

缺乏想像力和沒有生產力的人會說：「雖然有可能會成功，但是一路上困難重重。」但是有創造力的人則會說：「雖然一路上困難重重，但最終我們有成功的可能。」

拿破崙曾經說過：「想像力能統治整個世界。」愛因斯坦也認為：「想像力比知識還要重要，因為知識僅限於我們現在所得知及理解的範圍；然而，想像力卻包含整個世界所有未知與尚未理解的範圍。」

在幼年時期，我們是透過知覺建立自己的影像、聲音、及知覺，長大之後，才透過語言及觀察來建立。令人感到有趣的是，經過許多實驗後，我們發現，往往是在父母、同儕、及其他角色重複地示範如何預演失敗之後，兒童們才會開始習慣預演失敗。

假如對於自我認知的想法加以培育的話，便可以預期未來的幸福與成功；不過如果對於自我認知的想法未加以培養，或者是忽略它，最後會像未妥善照料的魚苗池一樣，帶來低度成就、偏差的行為及痛苦。

如果父母充滿好奇心，懂得靈活變通的道理，較容易接納新的意見，以及更好的做事方法，且不會以先入為主的想法來處理事情，那麼孩子也會學習到多元思考。

唯一的不變就是「變」

孩子在成長過程中，若無法擁有彈性變通的能力，遭遇到問題的時候，反應只能是死死的、一板一眼的，會把自己送進更多的挫敗與災難中。尤其是這個時代的變化速度太快了，我們所學習的東西、所運用的能力、所知道的知識，在短短的一天之內，都可能發生大變化，帶著前一天的資訊，來處理第二天的事情，肯定會發生問題，引起麻煩。

時代的腳步，孩子跟上了嗎？

今年有一本書很暢銷的書叫做《未來產業 The Industries of the Future》，書裡面闡述了一個觀念：從孩子們進入大學讀書，到念完四年畢業，離開學校之後，他們會發現，才短短的四年，在學校內所學習到的東西，有 75%以上已經不太能用，大部份即將成為歷史了。

一個孩子身上可能習得許多能力，但是考慮到目前社會需求的現況，很可能隨時都會被最新的科技所取代掉。機器人被發明，它可以取代人類的工作；假設原先能做的事情，通通都被取代，那麼，我們是否會覺得一切都沒了呢？如果我們除了自己的本業，不具備其他額外的技能，那麼，想必會立刻失去生存的能力、失去掙錢的能力。

面對這個資訊變化速度越來越快的時代，孩子們要學會的能力是懂得應變，「以不變應萬變」的老生常談，只符合過去的年代；「唯一的不變，就是改變」才是屬於現代人的生存之道，更加適用於社會的現況。

應變力，就是未來的競爭力

日本松下公司非常重視員工的軟實力，光有好的學歷、好的文憑、好的經歷，如果在員工身上看不到靈活應變的能力，都不予採用，他們的特殊面試方式，是業界津津樂道的。

日本松下公司準備從新招的三名員工中，選出一位來擔任市場策劃，於是，就對他們三個人進行上崗前的「魔鬼考核」，將他們送往廣島，讓他們在那裡生活一天的的時間，按最低標準給每人2000日圓的生活費用，最後看誰剩下來的錢最多。

剩錢幾乎是不可能的，這點誰都明白，想要贏，就必須運用智慧，利用2000日圓的生活費在短短的一天裡生出更多錢來。

第一個員工相當地聰明，他用500日圓買了副黑墨鏡，再用1500日圓買了二手吉他，來到廣島最繁華的地段，演起「瞎子賣藝」。

半天下來以後，大琴盒裡面已經裝滿了鈔票。

第二個員工也很聰明，用500日圓做了募捐箱，上面寫著：「將核武趕出地球：紀念廣島災難40周年暨加快廣島建設大募捐」，並且用1500日圓雇了學生做現場宣傳。

還不到中午，大募捐箱就滿了。

第三個員工是吊兒郎當的傢伙，他找個小餐館，要了清酒、生魚、米飯，好好地吃上一頓飯，消費了1500日圓。然後鑽進一輛被當作垃圾拋掉的汽車裡，美美地睡了一覺……

傍晚時分，生意興隆的兩位員工，都正在竊喜自己口袋的不菲收入，誰知噩運降臨，走來一位配戴胸卡、手持短槍的城市稽查員，第一個員工被扔掉了墨鏡，摔碎了吉他；第二個員工被撕破了募捐箱，趕走了雇用的學生。稽查員沒收了他們的財產，收繳了他們兩人的身份證，還揚言要以欺詐罪起訴他們，然後揚長而去。

這下完了，別說賺錢了，連老本都虧進去了。兩人氣憤地謾罵著，想方設法借了交通費，狼狽不堪地返回松下公司。

殊不知——天哪！那個「稽查員」正在公司恭候。原來，他就是那個在飯館裡吃飯、在汽車裡睡覺的第三個員工，他的投資是用150日圓做了胸卡，用350日圓買了玩具手槍和一臉扮裝用的落腮鬍子。

這時，松下公司國際市場行銷部總課長宮地孝滿走出來，一本正經地對站在那裡怔怔發呆的兩個員工說：「企業要生存發展，要獲得豐厚的利潤，不僅僅要會吃市場，最重要的是懂得怎樣吃掉吃市場的人。」

故事裡的第三位員工，懂得吃掉吃市場的人，無疑是三者中最懂得策略的。他的成功勝出，讓我們看到「變通」所產生的奇蹟與能量。

企業永遠呼喚主動尋找變通方法的員工，靈活的員工，就是創新型的人才；這樣的人才，對於變化保持良好的心態，不是對抗變化，而是適應變化，更能提升工作效率，因此是企業最寶貴的財富。

有鑒於此，我們要讓孩子在團隊當中，更具有應變力，所謂的應變力，不見得是八面玲瓏，而是要順應變化，替自己創造更多價值。唯有懂得變通、懂得應變、懂得處理各種危機狀況的人，才能夠臨危不亂、持續競爭，最終成為贏家。

危機處理六步驟 C-R-I-S-I-S

在孩子們學習「彈性變通」的成長過程中，一定也會遭遇到很多的困難、挑戰，所以，教孩子知曉彈性變化的第一步，首先要讓小孩擁有「危機處理」的能力。

所謂的「危機處理」，其中「危機」的英文組成是 C-R-I-S-I-S，第一個「C」是 Calm（冷靜）；「R」是 Report（報備）；「I」是 Identification（確認狀況）；「S」是 Support（支持、支援）；再來一個「I」是 Interpretation（溝通協調）；最後一個「S」是 Sketch（紀錄）。

我們用「CRISIS」的角度來分析危機處理的步驟，就是冷靜面對→及時報備→確認情況→尋求相關支援→積極溝通協調→存檔備查。

父母親在孩子的成長過程裡面，可以適時地找機會來教導孩子，危機處理的基本六個步驟：

冷靜面對 Calm

無論眼前發生了什麼樣的事情，要孩子懂得調節呼吸、冷靜面對，千萬不要顧著慌張、恐懼，如果無法壓抑心中的害怕，在極度恐慌之下做出反應，很多事情可能會變得更加麻煩。

譬如，當小孩被壞人綁架，如果不夠冷靜，失去理智狂叫，這麼一叫，歹徒害怕尖叫聲把他的行動透露出去，可能就越快殺死人質。

及時報備 Report

當遇到危機的孩子冷靜下來以後，除了在現場處理，勢必要盡快找到機會，及時通知爸爸媽媽或老師，讓長輩們知道。

例如說，孩子無意間聽說有一個同學想自殺，想必會感到緊張，但是要快點冷靜下來，並且及時報備，想辦法讓學校老師知道，或者想辦法讓對方的父母知道，當大人們察覺這件事，才能夠來一起分擔，無須由孩子一個人來自我承擔。

夏季有一些社會新聞事件，內容都是：孩子們去海邊玩耍，其中一個孩子抽筋溺水就要沉進海裡，發出呼救的聲音，其餘的孩子聽到，一緊張就往海裡面跳，也忘了要通知救生員，結果往往是釀成更大的悲劇。

所以，發生問題時，務必要及時報備，讓其他更有能力處理的人或單位知情，這是危機處理中非常重要的步驟。

確認情況 Identification

第三個步驟，則是要確認狀況；人類是很喜歡自己嚇自己的，很多危機，它的實際狀況並沒有想像得如此糟糕，把事情弄明白了，一定都

可以找到相應的方法，當我們把問題確認過一遍，整體狀況也思考清楚了，通常沒有腦海中幻想出來的那樣天崩地裂。

舉一個我自己女兒的例子：有一天，她半夜準備睡覺的時候，關按了燈，看看四周，黑漆漆的，心裡頓時覺得很緊張，突然間聽到腳步聲，大驚失色，以為會有什麼狀況似的，結果打開門一看，只是睡在另外房間的奶奶走過來，想關心孫女的情況。

因此，事情發生的時候，孩子要懂得及時確認狀況，通常會發現到，想像的情況，遠遠比真實的狀態還要可怕得多。

尋求支援 Support

孩子年紀小，能力有限，發生任何事情時，要懂得趕快尋找其他人幫忙，讓更多的人來幫忙處理，不要試圖自己一個人解決。

小孩子越是想要自己處理、解決問題，越是會衍生出更多問題，可能會把一件小事情變得無法收拾。

孩子可以先確認問題所在，同時尋求更多支援，不管是同學、老師，看看誰是比較有能力者，誰是最適合的支持者。

溝通協調 Interpretation

在尋求支持的過程裡，不外乎會需要雙向溝通互動的能力，包含清晰地描述事發的情形、說服對方來成為自己的支援者。

當孩子運用協調的能力，獲得一些人的支持，事情受到越多人的肯定，就能有更大的力量，支持孩子去說明、溝通。

紀錄備查 Sketch

最後，在事情處理好之後，無論是用筆寫在紙上，還是牢牢地記在心中，孩子必須替自己留下一個紀錄，這個紀錄就是經驗；當孩子未來再遇到類似事件的時候，可以給自己或別人作為參考，提供調整的方向。

以上就是危機處理的基本幾個步驟。讓孩子擁有危機處理的能力，當遇到任何事情時，就會有基本的應變能力。「東邊不亮，西邊亮。」此路不通，另外一條路還是可以通的。

彈性思考繞繞路，目的地在不遠處

很多孩子，他們的腦袋習慣直線型思考：「其他的辦法我不願意嘗試，因為我覺得這件事就是要這樣做的，只有這個方法才是對的……」

假設你感覺到口渴，想吃蘋果解解渴，於是打開冰箱，一看卻發現裡面沒有半顆蘋果，難道你就不吃了嗎？不是的，你可以再翻翻看，冰箱中是否有其他解渴的食品或飲料。

在沒有蘋果的情況下，冰箱中的飲料或是水，也都是一種選擇，不是嗎？倘若堅持只要蘋果，那麼只有繼續忍受口乾舌燥，放下堅持，卻可以馬上解決窘境；由日常生活的小例子也可知道，適當的彈性，才不會讓自己被限制在原地，什麼都做不成。

當我們希望拿到擺放高處的物品，將兩腿站得直直地往上跳，那一定跳不高；但是當我們蹲下雙腳，再次往上跳躍，那就可以跳得比原來高了，這是一種「彈性」的概念。

教導孩子的時候，也是一樣的道理，孩子凡事若都用直直、呆呆的方式，要達到他們目標，就會顯得艱難；但是，如果能適當的彎身，用適當的謙卑，做適當的調整，進行適當的自我檢視，事情一定可以做的比原來的角度還要好。

人的一生中，要面臨許許多多不同的挑戰，越有彈性的孩子，越能適應環境，當孩子擁有「適應」的能力，任何難關在眼前都不足為懼。只要繞個彎，也可以到達想去的地方，有什麼不好？

在人生道路上轉一個彎

當然，不僅孩子自幼要學習「彈性變通」，父母教導孩子的時候要「彈性變通」；等孩子將來長大成年了之後，在職涯選擇、生涯規劃的方面，更要懂得運用「彈性變通」的道理。

在古早年代，大部分人的社會經歷都是依循在校所學，在學校讀什麼科系，進入職場，也從事相關工作；念體育的，就得成為體育選手；念中文的，就得靠教中文吃飯。然而，現今社會不一樣了，職業選擇範圍更寬、更廣，與所學科系八竿子打不著邊的人，大有人在。

以我自己的人生故事為例，小時候，因為妹妹遭受到不平等的對待，我童年就發願，將來要在基金會上班，幫助更多的人，而我也兌現了我的承諾，出了社會的確選擇了一份基金會的工作；然而，單純待在基金會，我的工資真的不高，偏偏我是家庭的主要經濟來源，隨著日子過去，這份薪水無法負擔起家裡的開銷。於是，我離職了，先是跑去做銷售的工作，接著踏上了創業一途。

乍看之下，我放棄了人生的目標，實則卻沒有；今天，我經營企業

有不錯的成績，擁有更雄厚的資金、具備更卓越的能力，我還是有著想做公益的一顆心，於是我捐款給基金會，同樣地幫助了更多人；當時是基金會裡的員工，現在我是三個基金會的法人，最終，我還是走回基金會這一條路上，而且能夠貢獻的更多。

父母要讓孩子知道，當人生遇到不得不轉彎的時候，千萬不要灰心喪志，認定暫時的停滯等於失敗，更不要輕易放棄；維持一定的彈性、應變力，懂得隨機應變，其實更能夠改變滯礙不前的現狀，現況若得以改變，離目標的達成就會更進一步。

最初決定的道路，並不一定就是人生最後的終點；蹲下再彈起，你所達成的目標，甚至會比原先預定的更遠大。

彈性變通的企業實踐家

有很多經營企業的人，做事沒彈性、原則沒得改，處理什麼事都沒得商量，往往越是沒得商量的事情，越難以圓滿完成；企業對企業、雇主對員工、上司對下屬……溝通是有來、有往的，它並非堅守己見，應該是雙向的交流，越是保持彈性的商量空間，越能以輕鬆的方式達到目的。其實，這是另一種相對應的挑戰。

譬如說，以「實踐家」企業為例，在多年的經營過程中，也做了很多彈性的變通，後面所提到的，便是兩個關鍵的轉捩點：

Money & you 青少年班

「Money & you」原先是屬於成人的課程，只有開辦成人班，某次我講課時，發現教室裡有一個12歲大的孩子，我怎麼看，都覺得不對勁。

成人世界裡的問題，是一個層面，小孩的問題，又是另外一個層面，為成人所設計的課程內容，較為複雜；而孩子的世界還沒有那麼複雜，不需要以複雜的內容造成孩子負擔。把小孩放在成人的課程裡共同學習，那是揠苗助長，很可能影響未來的美好發展。

於是，台灣的實踐家團隊跟美國總部商量：「我們認為應該要有適合孩子的課程，這對孩子來說，是一個有力的幫助。」美國總部以前沒有青少年的管理課程，經過極力溝通之後，他們終於願意放出權限，讓「Money & you 青少年班」得以實現。

事實證明，青少年班安排的課程，與成人班裡的少數1、2個青少年，將兩者的學習效果做比較，是相對大有幫助的。

從創業導師到投資者

另外一個例子，最早期的「實踐家」，很單純地進行教育訓練，拒絕與學員做任何企業形態的合作，認為：「我們是做教育的，要專心做教育，跟學員維持老師、學生之間的關係；我們教書，學員上課，彼此定位在最單純的師生關係就好了。」

後來，經過檢討，如果學員有優秀的計畫，我們卻從未共同參與，僅僅教導，卻不關注學生們下課後的動向，這樣的導師，可說是沒有對學生真正負責任。於是，我們調整觀念，從限制自己，不願意有商業上的合作關係，一直到慢慢改變，開始投資學生。

成年人們對兒童所做的事情，以及要求兒童做的事情，會毀壞兒童的許多創造潛能；我們讓兒童感受到猶豫及害怕，似乎使他剛發芽的創造力被毀掉。

丹尼斯．魏特利（Denis Waitley）

本來是單純教書，只有一種單向的教學形象，外界不見得認同「實踐家」會經營企業，甚至懷疑我們只會教書。現在，投資了總共 113 家的學生企業，而且都發展得很不錯的情況下，這對「實踐家」來講，有更良好的形象提升。企業是一步一步的調整、再調整、改變、再改變，然後才會變成今天的這個樣態。

吳娟瑜媽媽經

孩子們為了取得內心期望的成果，有時候會一股腦地付出努力，然而，做事不能過於刻板、呆板，偶爾必須停下腳步，自我審核，並且適時地改變，透過彈性變通，才可以讓孩子選擇更好的途徑，完成任務。

什麼是彈性變通？

有些孩子的思考模式為「線型思考」，一是一，二是二，按部就班，一路按照規矩行事，幼稚園、小學、國中、高中、研究所，接下來求職、結婚、生小孩、打罵孩子……，就這樣過了大半輩子，專注於正軌，卻沒有用心思考人生的其餘部分。

這種「線型思考」是人生的一種選擇，但不是這個時代唯一的選擇，其實現在已經進入了「C 型時代」，多了「C 型人生」這項選擇。

「C」代表的是「Cycles」，有循環、反覆的意味；看看 C 字的形狀，從最上面的起始點，往下繞到底端；當一個人處在生涯的高點時，願意回歸到原點，重新再出發，其人生是富有彈性的。

以我自己為例子，我是如何過「C 型人生」的呢？

起初，我原本是一位國中老師；第一次返回原點，我轉行從事記者工作，做到報社主編；然後，我再次返回原點，從事電視節目的編輯，接著是企劃製作，一直做到主編的位置；接下來我又到美國去念碩士；回台灣之後演講更多，講到華人世界都有我的足跡。

我隨時可以回到原點，重新再出發。這個多變的時代需要「C 型思考」，「C 型思考」才能夠賦予一個人更多的價值。

父母如果本身是 C 型的父母，教養小孩的過程中，發現自己沒有用對方法，那麼現在就趕緊回到原點，重新瞭解正確的觀念，學習正確的方法來教導孩子，再重新教導他們。

不僅僅是教育可以返回原點，親子關係也是可以返回原點的，爸爸媽媽得學著彈性變通，如此就可以教會小孩成為「C 型人才」。

再舉一個例子；曾經有個男大學生，他總是想休學，每一次提出休學的要求，都讓媽媽氣得想用頭去撞牆壁。某次，孩子又口口聲聲說要休學，媽媽氣得來請教我：「為什麼我的孩子一天到晚想休學？這麼不受控制？」我規勸她：「媽媽，稍安勿躁，這個時代的小孩有不同想法，父母要多點耐心，妳兒子是怎麼說的呢？」於是她告訴我，她兒子其實很優秀，已經考上了醫學院，但是卻不好好顧課業、為將來當醫生舖路，反而花很多時間練習跳街舞，甚至說想去海外闖一闖。

於是我開導她說：「首先，妳可以練習做一個 C 型的媽媽，先聆聽孩子想法，弄懂他到底要什麼；一、他可能想打工，求得經驗，再評估自己適合哪個科系；二、他可能想自助旅行，開闊眼界後，再看看自己適合什麼科系；三、或者他希望重考，重新決定他人生真正要的是什麼？以上這些出發點都沒有不好，也許是媽媽規定他要當醫生，這件事對他而言很痛苦，讀不下去了。我們不要用線型思考模式去限制孩子的改變，否則，他一輩子不快樂，媽媽妳也不會開心的，不是嗎？」

學生在團隊生活裡，會舉辦各種活動，大家一起開會討論問題，例如：活動要如何舉辦、想去哪裡旅行、迎新會怎麼主持……等等，開會時，可以有自己的主見，討論時大家踴躍發言、提供意見，一旦完成討論，做了團隊決議之後，也需要配合團隊的決策，少數樂意服從多數，這也是「彈性變通」的態度很重要的一環。

如果最後結果不如己意，就和同學組員翻臉，背後抨擊說壞話，這樣是無法與群體和平共處；懂得彈性變通的孩子，才能在面對任何情況的時候，適時的調整心情。

孩子為何抗拒改變、害怕重來？

當父母察覺孩子抗拒改變、拒絕從頭來過，千萬不要急著怪罪他們，或者是認為孩子不懂事，每個人小時候都曾經有過這樣的階段，是很正常的現象，他們最需要的是引導而非責備。

孩子為什麼會害怕改變？一般來說，可能有四種最主要的原因：「偷懶」、「擔心」、「固執」，或者是「接觸的太少」。

偷懶

第一個抗拒改變的原因，可能是偷懶。

比方說當小孩的作業寫不完善，父母如果要求孩子重新寫作業，孩子一定會認為：既然已經做完了，為什麼還要我重做呢？那不是很麻煩的一件事嗎？我剛剛做的不是都等於白工了嗎？於是孩子就開始與父母賭氣，父母則認為孩子老是不肯聽話，叫都叫不動。

其實，大人與小孩的想法，經常是有出入的，父母得先理解孩子的想法之後，才能夠進一步教導他，讓他知道爸爸媽媽要求重寫的原因，是顧慮到作業寫得不夠完善，需要改進，偷懶也許帶來一時的痛快，卻會導致無法進步，那麼將留下更多的後遺症。

而家長希望孩子不偷懶，自己也必須做好榜樣，舉我自己為例子；我們家裡的家務事，譬如：洗碗、擦地板、晾衣服……等，都是全家人分工合力完成的，如果大人沒有做得很好，兩個小孫子都會提出建議。比方說，小孫子們認為，衣架的掛鉤要掛同一方向，取下衣服的時候才快速，如果掛鉤方向有左有右，就不方便拿上拿下的，偶爾我一時忘記做錯，小孫子都會及時提醒，而我一定馬上就說：「好的，我會改進的，我現在就掛同一個方向。」大人必須以身作則「不要偷懶」，即便是像日常生活這些小細節，孩子都會看在眼裡、有樣學樣。

擔心

跨過了偷懶的關卡，養成勤勞的好習慣之後，孩子在面對改變時，也許還是會出現另外一個心魔，那就是「擔心」。

孩子們一般在擔心些什麼呢？擔心如果改變了，事情是不是真的會變得更好？萬一改變之後事情變得更糟糕，又該怎麼辦？而假使改變了之後，我對於一切感到不習慣，無法好好地適應怎麼辦？嘗試新的方法，我如果在過程中表現得很差，那麼該如何是好？

父母必須得要瞭解到這一點，容易抗拒改變、缺乏彈性的孩子，常常是因為極其缺乏自信心；而自信心的欠缺，來自於孩子的成長過程，太頻繁地被爸爸媽媽嫌東嫌西、怪東怪西的，面對改變，害怕萬一弄錯，又要受到責難，於是反射性地便退縮了。

固執

有些小孩的性格較自以為是，以自我為中心，很難採納別人的不同意見，習慣性線型思考，於是便衍生出一種相當固執的態度。

當爸媽覺得孩子不聽話時，我經常會開玩笑地問他們說：「請問爸爸、媽媽，你們有聽話嗎？有聽聽孩子所想講的話嗎？他所要表達的意思是什麼，你們真的清楚嗎？他堅持的部分是什麼？你們堅持的又是什麼？這兩者中間，是否有任何彈性、可變通的地方？」引導父母先反思看看，孩子固執的態度，是不是源自於爸媽的身上。

接觸太少

此外，父母親有必要利用週末、連續休假，帶孩子出去玩，多多走出門外，搭著火車去那些書本裡的景點，或者是電視上曾經提到過的地方，例如：九份、暖暖、女王頭……等，讓他們有機會親眼見識世界，接觸各種不同的人文、生活、穿著、行業、說話模式、飲食習慣……等，甚至固定安排國外旅行，也都是一樣的道理。

當孩子的眼界變大，被拉得更寬廣，明白知識無邊無界，他們的潛能就能夠被激發出來，時時敦促自己不要成為「井底之蛙」，要懂得接納不同的思想、事物、做法……等，隨時吸收新的東西，彈性地變通。所以，當一個孩子接觸的多了，接受別人意見的速度也就變得比較快了。

做個彈性變通的人的好處

做一個彈性變通的人的好處有哪些？若是能把孩子教育成為一個有彈性可變通的人，孩子將來就能處事圓融、廣結善緣、知錯必改。

處事圓融

首先，談到「處事圓融」，也就是面面俱到的意思；譬如，孩子們合作完成一件事，像是舉辦活動、彩繪壁報、大隊接力……等等，當他們的腦袋夠靈活，就能考慮得比較周全，作風有彈性，願意聽取其他同學的建言；能夠廣泛地接受不同想法的人，沒有太多眉眉角角與限制，處事才會圓融，更能夠以「眾志成城」的境界來完成任務，這樣子的孩子，往往能成為團體中的領導者。

廣結善緣

當孩子處事圓融之後，隨之而來的好處，就是「廣結善緣」；孩子能夠與形形色色的人都好好相處，知道該用什麼樣的做法，去應對什麼樣的對象，例如：面對畏畏縮縮的人，較適合以鼓勵的方式向其提出邀約；面對血氣方剛的人，則適合以委婉的方式溝通；孩子如果掌握了人際交往的技巧，彈性運用，去到哪裡都受歡迎。一個受歡迎的孩子，爾後在人生道路上，他將不斷地化解敵人、製造朋友，不知不覺間，生涯貴人累積地多，遇上挑戰時，能出手相救的人選自然也就增多了。

知錯必改

彈性變通的第三個好處，則是「知錯必改」；一個人越是不抗拒變化，越是有主動修正弱點的意願，那麼他成長的速度就越快，成功的機會自然就越大，他的未來也就越不可限量。

我們大人也是如此，大人在教育過程中學習，從小孩身上學到處事圓融，廣結善緣，而且知錯必改，亦可成為更好的人；父母能有那麼大的彈性變通空間，孩子就會具有彈性變通的人格。

如何引導孩子成為彈性變通的人？

綜觀各點，我們不難發現，懂得彈性變通的孩子將擁有不少優勢，然而，一步一步把培養孩子的彈性，父母需要一些小技巧，我認為可以由以下四點來加強，第一、爸媽必須採取同理心教育；第二、多多訓練孩子多元思考；第三、試著去改變想法，消除壓力；第四、抱持好想法、做出好行動，才會得到好結果。

同理心教育

身為父母，要以同理心跟著孩子的感覺走，同時也教導小孩跟著大人的感覺走、跟著對方的感覺走；當一個孩子可以感同身受，理解他人心理的需要，那麼他的彈性就會跟著變大了。

譬如，當孩子放學回到家，眼見媽媽很疲累，菜還沒有洗、飯還沒有煮，有同理心的孩子第一個動作是關心媽媽，又或者主動協助媽媽做家事，而不是抱怨：「飯怎麼還沒煮好」、「為什麼都沒人煮飯給我吃」，假設孩子如此，就顯得沒有彈性了。

而遇上孩子欠缺同理心的時候，父母應該領導孩子思考：「寶貝，你觀察一下，媽媽身體似乎不太舒服，現在最需要的是什麼？你認為媽媽現在看起來是怎樣的情形呢？」

透過問句的啟發，孩子就會冷靜下來思考說：「媽媽，原來您不舒服，難怪您的臉色看起來有點疲倦，您需要休息一下，需不需要我來幫忙洗米，或是洗菜？還是出門買飯回來吃呢？」

教導孩子同理心，是我們父母的責任，當孩子能夠理解我們內心的需求時，他能感同身受，自然就有了同理心，也就不會太刻板，認為一切都是別人的錯，卻沒有注意到自己應該要改進的地方。

訓練孩子多元思考

要訓練孩子以多個角度去理解事情，有一個很簡單的原則，就是父母多多使用「問句」，一問，再問，還要問，並且深度地聆聽。

舉例來說，我的二兒子念建國中學二年級時，有一天，他表示想要休學，我心裡想，有多少孩子擠破頭，都想進入建國中學唸書，但是他卻想要休學，不是很可惜嗎？但是我沒有馬上拒絕他，只說：「好，我們都好好想一下，改天再來討論。」

小孩有些暫時性的情緒，經過想一想，其實都會有變化；幾日之後，我再問他：「為什麼想休學呢？」他說：「讀書好煩，讀完高中，還要考大學、讀大學，這一條路太漫長，太麻煩了。」我說：「那麼，如果不讀書，你想要做什麼呢？」他說：「我就考職業學校，畢業後直接去工作。」我回答：「對啊，這也是一個辦法，不過這個決定重大，你有沒有需要再想一想呢？」他說：「好吧，我再想一想。」

與孩子溝通的過程中，不要馬上用「No」的方式立刻阻斷，而是要用「Yes」的方式，表現出「我聽你說」的模樣，讓對方慢慢思考，也讓自己慢慢思考，在這樣一問再問的過程中，彼此之間透露更多想法，許多癥結點其實都可以迎刃而解。

當時，經過三、四天後，兒子告訴我：「媽，算了，也許我只是一時心煩吧，想想我還是繼續念吧。」當小孩欠缺思考的當下，父母親請多多採用問句式溝通，誘導孩子思考，訓練出多元思考的好習慣。

同場加映小故事

有個小女孩，她對爸爸抱怨說：「我覺得人生好痛苦，結交好朋友真困難，才剛剛解決一個問題，新的問題又出現了。」

正在下廚的爸爸，取來廚房裡的三個鍋子，倒了些水進鍋子裡，第一個鍋子放入胡蘿蔔，第二個鍋子放入雞蛋，第三個鍋子放入咖啡粉，然後給女兒看，但是，女兒不知道爸爸為什麼要這樣做。

接著，爸爸把火關掉，然後分別把胡蘿蔔、雞蛋、咖啡粉都撈起來。首先他將胡蘿蔔切開，對女兒說：「妳看看，這條胡蘿蔔變軟了。」接著，他把雞蛋的外殼剝下，說：「妳看看，這顆雞蛋變熟了。」最後，爸爸將咖啡攪拌了一陣，讓女兒喝下咖啡，女兒喝到香濃的咖啡，心情愉快，笑了起來，問爸爸說：「這些到底是什麼意思呢？」

故事中的爸爸想要表達的意思是什麼呢？

她的爸爸是廚師，不會用大道理來勸女兒，所以只能用食材來做譬喻，爸爸說：「人生難免有逆境，一如煮開的水，各種類型的食材，它們的反應是不一樣的；胡蘿蔔原本是生硬的，進了水就變軟了；雞蛋本來是容易破碎的，煮了以後就變成硬雞蛋了；咖啡粉進到沸水之後，整個水就變成可以喝的咖啡了；女兒，妳是哪一種呢？逆境來找妳的時候，妳該怎麼反應？妳是胡蘿蔔？是雞蛋？還是咖啡粉？」

很有趣吧，人生本來就會遇到各種挑戰，如果能夠像咖啡粉一樣，溶入水中，變成一體，甚至改變了帶來痛苦的環境，它既沒有變軟，亦沒有變硬，在逆境裡面，它並沒有失去自己原本的模樣。

這位爸爸用了這個說法，讓女兒懂得，做人不需要像煮熟的胡蘿蔔那麼強硬，也不需要像煮熟的雞蛋那麼軟弱，而是要像彈性變通的咖啡粉一樣，溶在困境，改變型態，帶出最佳香味。

想法改變，壓力就消失了

當我們承擔一些壓力時，捆綁住我們的，有時候並不是事件本身，而是無法轉彎的思想，帶來了碩大壓力。

爸爸媽媽在教導孩子的過程中，應該盡量少說：「你就是應該……」這樣的句子，阻礙他們的自我探索與成長。

曾經有個男孩，喜歡上一位有男朋友的女生，讓爸爸媽媽成天擔憂，心裡壓力很大，知道了以後我問那對父母：「他有去打擾那位女孩嗎？」他們說：「這倒沒有，只是非常死心塌地的愛著她，但又愛不到。」

我告訴爸爸媽媽：「你們兒子不簡單，他欣賞那個女孩，卻沒有去打擾，還能給予祝福，這是一種真愛啊！」我想表達的是，這位男孩沒有因為愛不到而悲觀難受，反而懂得自我調整，用一種有彈性的想法在看待這件事，於是壓力自然就會消失了。

經過那天的協調，爸爸媽媽的想法改變了，心中的壓力頓時消失無蹤，不再責備孩子，兒子的壓力也跟著沒有了。

最後，那男孩告訴我：「我本來就只是很單純地欣賞她，都是我的爸媽在窮緊張罷了！」很可愛吧。

好想法→好行動→好結果

當孩子能由各個角度看事情，他就能在其中找到樂觀的想法、正面的想法，有了這些好的想法，接著好好行動，便會得出好的結果；為人父母，我們要灌輸多一些好想法，影響孩子，每天開開心心地過日子。

舉一個實際案例，有個爸爸常在兒子耳邊說：「你多多唸書，將來要考上理想學校……」孩子肩膀承受著很大的負擔，學業成績不見起色。

希望孩子讀好學校，當然是一件好想法，從好的想法到好的結果，中間要有一個好的執行過程。如何做？

第一，我建議這個爸爸「將好的結果視覺化」，譬如：帶孩子到他心目中的第一志願學校去散散步，在校園裡面拍下照片，把照片放大擺在他的書桌上，當他每天讀書的時候都能看到，美好願景就在他眼前，視覺化之後的好結果不斷激勵他，增加用功動力，更容易有好的結果。

第二，倘若有了心裡最想上的學校，可以請教老師，或是上網蒐集資訊，這間學校特別重視的科目是什麼？有哪些科系是適合孩子念的？有了方向之後，讀起書來才不會有如無頭蒼蠅，毫無目標。

第三，班上總是有些很會讀書的同學，可以開口詢問他們，他們平時是怎麼唸書的？為什麼可以輕而易舉拿高分？參考一下別人的好行動，彈性地修正自己的做法，比起抓不到感覺地埋頭苦讀有效率許多。

爸媽提供了各種彈性變通的方法給子女們，來幫助他們增強實力，那麼後面的好結果，當然也就會隨之而來了。這就是在強調有好想法、好行動，就會有好結果的做法。

你的兒女並不是你的，他們是生命的兒女，追求的是生命自身。你可以給他們你的愛，但非你的思維；你可供養他們的軀體，但非其靈魂。

丹尼斯・魏特利（Denis Waitley）

Balance

小朋友嗜吃糖果、可樂、甜甜圈，常常沒胃口吃正餐？孩子上課總是昏昏欲睡，增加睡眠時間也沒有辦法改善？孩子在校考試幾乎都拿一百分，但是連自己洗襪子都不會？

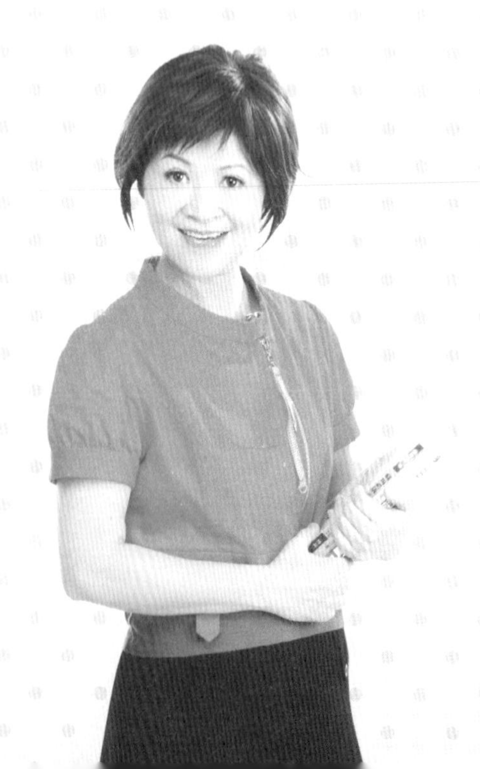

第八把鑰匙

均衡一下

不均衡的時間分配，會讓孩子的生活失去平衡，嚴重影響身體健康、人際關係、親子相處、智能發展、情緒管理……等；適當地飲食管控，適當地休閒紓壓，當生命的平衡點被掌握了，孩子才能夠均衡地成長，健康又快樂。提醒您的孩子，讀書一段時間，該起來動一動了！

均衡一下

Balance

有的小孩子容易不滿現狀，一天到晚羨慕其他家庭的孩子，造成「心理不平衡」；有些孩子過度勞累，身體沒有獲得充足的休息，這是「身體不平衡」，容易導致生病；其實孩子有很多的不快樂，都是因為「不平衡」而來的。

平衡必須從「時間管理」做起，每一天的時間管理，決定了生活內容；如果讓成年人寫下明天要做的事，大部分的人會有90%都是工作；如果讓孩子寫下明天要做的事，則有90%都是功課。

可見，我們的生活重心，完全只知道工作、工作、工作，以及功課、功課、功課，傾斜在某方面。

其實，將人生的其他面向都顧及了，本業也能夠做的更好。

林偉賢爸爸經

孩子在生命過程中，都不應該只有讀書、讀書、再讀書，其實這樣是很辛苦的；我們從小就知道德、智、體、群、美，所以德育、智育、體育、群育、美育，五育都重要。

但是在現實教育體制裡，五育之中，好像只剩下「智育」，其他好像都不被重視；體育課，有時候用來補國文、補數學；公民課，有時候也用來複習其他課目；越是接近關鍵升學考試的日子，這些課程幾乎都被放棄了；我們所強調的五育均衡發展，不見了。

多元學習不偏廢

老一輩會認為，孩子具備運動強項，跑得快、跳得遠，通常考試成績就會很差，因為頭腦簡單、四肢發達，其實這種觀念是刻板印象；例如優秀的籃球選手林書豪，同時也是哈佛大學學生，他不僅在體育上的表現亮眼，又有能耐把書讀得名列前茅。

若要孩子的五育均衡發展，不能只有單一方向的學習；孩子們的教育，越是被局限在狹隘的領域裡面，他的成長就越是不平衡。一個在不平衡教育下成長的孩子，長大之後從事任何事情，都是相對的不均衡，容易偏廢於一個角落，不容易得到全方位的發展。

現在重視「全能發展」的教育觀念，孩子只有右腦、沒有左腦，是不好的；只有理性、沒有感性，也不好；只有外在、沒有內在，當然不對；所以，內在和外在要平衡，理性和感性要平衡，左腦和右腦要平衡，讀書和快樂要平衡，成績和成長要平衡，數字和素質也要平衡。

越能夠做到相對平衡，孩子的成長就會變得越成熟，變得越有能力，去面對未來要處理的各種問題。

教育孩子的時候，東方和西方的思維也要平衡。從前實踐家在安排學員的教育內容，幾乎取材於西方的教育觀念；現在，東方的理念反而成為全世界關注的焦點；所以，東方與西方的平衡，也是必要的。

世界，本來就是多元的，不是單一的，所以在孩子從小到大的教育過程，也需要聽取各種聲音，進行多種思考，才能夠有效地成長。

根與翼

要促進孩子的多元發展，一方面，要有良好的內在根基、內在基礎，二方面，要有放手高飛、向外發展的能力，內涵補給、生活實踐，兩者同樣要取得平衡。爸爸媽媽應該以「根與翼」的形式教養孩子。

根

有了穩固的根，孩子才能做好離開父母羽翼呵護的準備。要在孩子身上種下卓越的種子，必須要有耐心和恆心，性格的培養並非一蹴可及。

正如播種竹子一樣，必須持之以恆地灌溉和培養種子，而且需瞭解竹子的生長週期，否則可能倍感挫折和沮喪。

在第一、第二、第三及第四年，可能都看不到顯著的成長。但是到了第五年，竹子在六個星期內剎那間長到了約 30 公尺！難道真的是竹子沈潛了五年才開始生長嗎？當然不是，而是前四年的培育孕育出竹子強韌的根部系統，讓它得以在第五年展現驚人而顯著的成長。

養育小孩也是如此，價值與性格的灌輸無法一夕養成，而必須透過長久的示範和重複才能成型。

翼

除了讓孩子建立根基外，父母還必須給予孩子展翅高飛的助力，讓他們長成自信、樂觀的青年，離巢展翅遨翔。

在美國，雄偉的老鷹是自由與決心的象徵，我們可以從老鷹家族的生活型態中學到許多東西。老鷹父母明白該如何與孩子分道揚鑣，因為老鷹的現實挑戰就是學習飛翔。

就像老鷹一樣，身為父母的我們，根本的角色就是要為小鷹及早打好根基，並讓他們培養好技能，以作為孩子展翅高飛的助力。我們務必注意在家中切勿有求必應及過度溺愛，否則便會失去自主的啟發和挑戰。

過度保護孩子，或不傳授領導的技能協助他們探索當今的潮流和生命的逆境，就等於折斷了他們的羽翼，並消滅了他們發展的助力。

均衡生活的八大方向

證嚴法師曾經如此分析：「人可以分為四種；富中之富、貧中之富、貧中之貧，以及富中之貧。」

富中之富指的是經濟富足，心靈豐富；貧中之富者雖然經濟匱乏，但是心靈豐富；貧中之貧經濟不富足、心靈不快樂；最可憐的情況是富中之貧，雖然很有錢，經濟無虞，可是心靈很匱乏，一點也不快樂。

父母應該要讓孩子養成「富中之富」的性格，經濟豐富、心靈也豐盛；孩子年紀小時沒有經濟能力，當然是從心靈開始，一步步做起。

要如何在孩子的生活中追求均衡呢？一個好的「富中之富」人生，其實在八個領域：工作、理財、健康、人脈、家庭、休閒、學習、心靈都應該要付出。而為了讓八個項目均衡，每一天的「時間分配」，當然就很重要了。

一、工作

工作重要嗎？重要；可是如果沒有良好的體力，工作不會做得好；家庭有後顧之憂，工作難以專注，結果就不會很完美；平常沒有好好和朋友聯繫，必要時就沒有可運用的人脈，一個人工作又做的要死要活、累哈哈的，沒有人可以支持。

我們當然都知道工作的重要性，就像孩子的主要工作是學業，我們的主要工作在公司，都一樣的。可是，「工作」一定要依靠另外的七個東西，才能平衡地做到，而且做得更好。

二、理財

由於工作有其重要性，我們每天把主要的時間都安排在工作方面，然而，如果只是努力工作賺 22K、25K、35K……的薪水，而沒有適當地去學習投資理財，財富就不會變大，因為你所創造的財富，只有百分比，而沒有倍數；所謂百分比和倍數的概念，譬如平常一年薪水的調幅，只有 3%、5%，這就是百分比；而透過理財，你賺到了 40%、50%，一倍、兩倍，這叫倍數。一方面工作，一方面也要適當理財，正所謂：「你理財，財理你；你不理財，財不理你」。

三、健康

認真努力工作，卻完全沒關注到自己的健康狀況，萬一生了病，你想繼續努力地工作，也沒有體力可以工作了；健康也是一種財富，花些時間來照顧自己的身體健康吧！

大陸人常說：「健康是革命的本錢」或者「身體是革命的本錢」，千萬別為了工作毀壞健康，兼顧健康，你才有辦法更健康的工作。

身體越健康，就不用花那麼多的時間去醫院、調整身體，才越能好好打拼工作，賺來的錢才能做更多的利用與享受，而不是當作醫藥費。

四、人脈

我們常說：「多一個朋友，就多一條路；少一個朋友，多一道牆。」

希望關鍵時刻能夠運用人脈的力量，平時就要常與朋友聯絡、維繫情誼，當然，交朋友必須是真心的，而不是建立在有利可圖的虛情假意。

證嚴法師說：「交朋友要知足、感恩、善解、包容」。人與人之間相處，自己要「知足」，不是予取予求地要；懂得隨時隨地「感恩」別人對自己的幫助；對別人的錯誤行為，或者是當下你不能理解的行為，用「善解」的心去理解，就不容易造成誤解；當人與人之間出現矛盾，要有適當的「包容」力，才能走得長遠。

知足、感恩、善解、包容，是經營人脈時，最好要求自己做到的。

五、家庭

因為忙，所以沒有時間陪爸媽；因為忙，所以沒有時間跟子女說話。其實，這些都是藉口。從另一角度來看，只要你願意為家庭安排時間，就會有時間；你沒有心為家人安排時間，就沒有時間去灌溉家庭。

以我自己為例，不管再怎麼忙，比方說傍晚我還在大陸；晚上可能搭最後一班飛機就回來台灣了；隔天一大早我送孩子們去上課；到了中午我匆匆又回大陸去工作。

有人問我說：「你這樣來、回，光是機票就很貴，而且好辛苦？」但是我認為，為家人所做的一切，都不是用數字、金錢所能衡量的，因為這些付出，都是生命當中無法取代的親情成長經驗。親情比什麼都還重要，親情比什麼都大，所以家庭務必要放在一個很重要的位置。

如果只專注於自己的工作，對於家內事務完全不理不睬，遇到困難的時候，家人的支持力量就會降低。相對的，把家庭處理好，感情穩固好，家庭是支持、支撐工作最強而有力的力量。

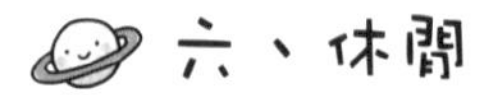

六、休閒

近年來日本國家經常發生過勞死的案例，有些人在路上走走，「碰」一聲，突然暈倒在地，居然就這樣死掉了，令人怵目驚心；這就是沒有讓自己有適當的休閒活動的後果。

童軍總領袖貝登堡將軍說過：「變化、動作，就是休息」。

舉例來說，我經常站在講台上，有聽眾問我：「累嗎？」我說：「還好。」因為我的肢體經常在變化，可能我剛才在吃飯，現在在受訪，受訪就是吃飯的休息；受訪之後，可能去銀行辦事，去辦事就是受訪的休息。對我來講，隨時都處在休息的狀態；因為，我下個動作和上個動作，是不一樣的；現在這個動作是上個動作的休息。

再舉例，對一般人來講，平時都在工作，出國旅遊是休息、休閒；可是，對帶團出國的領隊來說，待在家才是休息，他的休閒不是去旅遊景點，因為他的工作，每一天都在旅遊景點。

「休息是為了走更遠的路」，適當的休閒是必要的。為了達到生活的平衡，每個人都需要適當地休息、放鬆、放縱自己，越肯花時間來放鬆自己，就越有能力、越有機會，可以走的更遠。

七、心靈

現在的人不斷地汲汲營營往外走，卻忘了內在心靈成長也很重要。

有很多孩子缺乏心靈成長的能力，遇到挫折的時候，不知如何調適自己；也有的孩子沒有辦法自己一個人獨處，需要和很多人鬼混，仰賴同儕團體，才覺得自己是存在的。這些情況，都是心靈沒有自我穩定力量的人，比較容易發生的事情。

獨處是一種智慧，獨處也是一種能力。如果孩子沒有辦法在心靈上給自己一份自我獨處、調適的能力，將來在社會上會活得辛苦些。甚至，當一個人靜下來的時候，卻無法面對真實的自己，這是很大的挑戰。

每天要有一些適當的時間，放在心靈的成長上，而不是只有外在的成長；孩子也是如此，心智的成熟，比體能、體力的成熟還要重要。

以前的孩子年紀足了才發育，現在的孩子大多早早就已經發育了；以前的孩子不知幾歲才長一點點高，現在的孩子才沒幾歲就長得很高了；這也容易讓家長產生誤解，因為外觀看起來已經是大人樣，誤以為孩子已經很成熟，其實，他還是一個小孩，肉體長得急、長得快，心靈卻不見得，或沒跟上……。

若要讓孩子有份成熟的心靈，必須一步、一步的培養；要能夠面對挫敗不害怕、面對困難不疑惑，心靈的力量是很重要的。

八、學習

人為什麼會遇到挑戰、困難？都因為自己的能力不足，無法面對；能力不足，無法判斷；能力不足，無法支撐。因此，學習當然就很必要了。

學習不是只有課堂上、書本上的學習，還有透過戶外旅行的方式，也是一種學習，像我的孩子，每年安排出國旅遊，而且是3、4次以上，為了用更多自己所看到的，來了解一切實際的狀況。

活到老、學到老，現在的孩子要學習很容易，網路資訊、Facebook……等，孩子們不是沒有地方可以學習，不是沒有東西可以學，他們最大的問題是，在那麼多、龐大的資訊裡，要如何過濾資訊，找到適合自己的，獲取有用的資源和知識，達到有效的成長。

孩子們的均衡生活

工作、理財、健康、人脈、家庭、休閒、心靈、學習，這八大方向，對於成熟的大人來講，是重要的；對於孩子來講，何嘗不重要呢！

孩子的「工作」便是課業，認真努力地學習，將學生的本分顧好；同時，從小要灌輸孩子有儲蓄、理財的觀念，他長大之後，才不會浪費更多的錢，或者是做個死存錢的鐵公雞；此外，培養運動的好習慣，讓孩子養成健康的體魄。

然後是「人脈」，教導孩子們珍惜同學之間的情感，趁著求學階段，在學校這一個比較單純的環境裡，學習發表自己的意見，得到別人的認同，練習彼此溝通，以及接納不同的聲音。

「家庭」的角色非常重要，父母是孩子最好的學習典範，此外，讓孩子知道，永遠會有一個港灣在那個地方，如果他從小懂得顧家、戀家，懂得對家人有責任和承擔，將來長大不管事業做的如何，在孩子心裡始終會有家，再忙也會回來陪陪家人。

孩子的「心靈」方面，則可以透過爸媽的引導，讓子女學會沉靜與冷靜，讓孩子慢慢地在心靈上依次培養、獲得更大的自我確認、自我肯定、自我信心。

適當的「休閒」不可忽略，我女兒學了幾年鋼琴，現在比較少彈，可是當心情不好的時候，只要坐到鋼琴前，亂彈一番，便能調適自己的心情。孩子們的生活萬萬不能只有讀書，除了學習才藝之外，多點娛樂、多點放鬆，給予他們緩衝，生活更無壓力。

「學習」更是不用講，孩子的生活主軸便是學習，可是這個學習和功課上的學習又不一樣。前面的工作項目，代表了孩子課堂上的學習；

而這邊指的是更廣義的學習，包含教科書之外更多領域的學習。學無止境，不斷地吸取新知，讓孩子成為更豐富、更有能力的一個人。

追求平衡，迎接不同挑戰

就像蹺蹺板，一邊高起的時候，肯定有另一邊辛苦地在低處支撐；有一面特別突出，其實是利用另一面的犧牲換來的。所以，「平衡點就是最高點」，只有當蹺蹺板的兩端一樣高，與中央點達到垂直的時候，才是真正的最高點；而人生的最高點，其實就是這樣的平衡狀態，平衡，本來就是為了讓人生更好。

萬科集團的主席王石先生，他經營企業到 60 歲的時候，竟然去挑戰攀登聖母峰，結果成功登頂，並刷新了中國最年長登頂聖母峰的紀錄。不僅如此，成功登上聖母峰的隔年，王石先生決定赴美遊學，於是前進美國哈佛大學重新當學生，並從大一生開始學起。

經營企業時，王石先生每天都在挑戰商業上的一些不可能；接著又去攀爬聖母峰，做為人生的另一種自我挑戰。當他完成了這項挑戰，再回來重新面對他的企業時，會不會有幫助？當然會，大風、大浪、冰雪、雪崩，都見過了，他的心臟變得更堅毅，更能面對挑戰，更能夠堅持到底，即使現在泰山崩於前，也能面不改色。

為什麼他會重返校園呢？原來，王石先生在不斷地擴張版圖、努力經營企業的過程中，察覺到自己有許多不足，例如欠缺某些能力，然而創業初期他沒有時間來補足；現在，企業足夠穩定了，於是他回歸校園、以學生的身分學習，這是很令人尊敬的。

康橋學校的均衡教育

台灣有一所私立學校叫做康橋雙語學校，其教育方針不同於死讀書的學校，而是著重於培養學生「帶得走」的能力，例如：解決問題的能力、使用資訊的能力、運用科技的能力、終生學習的能力……等等。

康橋學校要求孩子們都要去「泳渡日月潭」，並要求孩子們參加「三鐵運動」，或是「騎自行車環繞台灣一圈」；這些特殊的教育方式，皆是為了讓孩子們在學業以外，也能促進各方面的均衡。

與同學們一起騎腳踏車繞台灣，一起相處十幾天，這個是「人脈」的累積；當孩子們離開家，開始思念家人，感知到「家庭」的重要性；而調適心情的過程中，學會在「心靈」層面如何處理情緒；又或者因為繞台灣一圈的經費有限，在「理財」方面，孩子更知道如何分配預算……等等。

康橋藉由看似輕鬆的休閒活動，將工作、理財、健康、人脈、家庭、休閒、心靈、學習各方面的成長，全部放在一次的活動裡，透過孩子們的實際參與，讓孩子在不知不

愛の練習詩

「生活水準」是看你擁有多少金錢；而「生命品質」是取決於你如何運用生命的時間，或你如何看待你的創造，以及你如何使自己融入於精神的深度與快樂的真諦中。

丹尼斯・魏特利（Denis Waitley）

覺間，增強了這些在未來鐵定能夠派上用場的寶貴能力，希望學生們都會有所體悟、有所啟發、有所收穫。

吳娟瑜媽媽經

教育小孩的時候，要讓孩子的「身」、「心」、「靈」達到平衡。一般而言，我們假如希望孩子們的身體健康、心靈快樂，身為教育者的父母親本身，當然也要先處於平衡的狀態之中。

「平衡」是一種思想、身體、精神都飽滿的生活狀態，「思想」就是「心」，「身體」就是「身」，而「精神」就是「靈」，我們將以「生存」、「生活」、「生命」三個階梯來探討。

「生存」就是關於身體的部分；「生活」則是對應到心，亦即思想的部分；而「生命」即指精神、靈性的部分；所以，身、心、靈是透過生存、生活、生命的修為，讓自己能朝向平衡來發展。

一日之平衡

我們先從細微、簡單的一天來說，怎樣教導我們的孩子把自己照顧好，維持在平衡的狀態下？以一天時間來分配「生存」、「生活」、「生命」的比重，我的建議是：生存占 20%，生活占 30%，生命占 50%。

家長的 20%、30%、50%

以父母來說，一天之中花 20% 的時間，來照顧孩子的吃、喝、拉、撒，其實已經足夠了。若是這些事項佔據了父母 80 ～ 90% 的時間，將大部分的時間都是用來忙於管理屬於生存的日常瑣事，爸媽除了感到整個人疲累不堪，還會毫無成就感，反而有一種「瞎忙」的感覺。

而30%的生活層次，是指與孩子的互動、分享，譬如：開車載著孩子上學時，在車上可以聊聊天、講講話、談談學校的狀況……等，利用零碎的時間了解彼此的生活，這部分的時間絕不可以缺少。

而生命的層次部分，它是抓不到、看不到、卻是可以感受得到的。父母需要有50%的時間，也就是整日的一半，無論是關心，或者是支持，傳遞對孩子的愛，讓孩子感覺到爸媽是無條件的愛孩子。

小孩子的20%、30%、50%

如果從孩子的角度來看，他們的生存層次部分，就是把自己的身體照顧好，有20%的時間，注重在飲食的運作上。而生活層次的部分，指的是孩子在學校和同學、師長的相處，或者是在家中與父母、兄弟姐妹的互動，要懂得與人為善、樂於助人、熱心合群、積極參與、互相關懷、誠懇友善……等等，生活中充滿著各種讓孩子們學習成長的項目。

此外，在孩子的一天生活裡，需要有50%的時間用在精神領域的提升，而這正是現在父母管教子女最困難的地方。

大部分的孩子，在課業考試的運轉中，在教室與補習班、教室與才藝教室之間，跑來跑去，回家之後作業也堆積如山，因而時間也就耗掉了，精神也耗掉了，孩子就比較沒有空靜下心來，往內心層面去檢視自己的修為或是需要反省、補足修正的地方。

我們建議父母，為了讓孩子的生命有所成長、精神層面更豐富，可以引導孩子多閱讀一些讓自己成長的書籍，看一些能夠提升智慧的影片，或者是帶著孩子一起做志工，讓他的生命層次有更好的躍進。

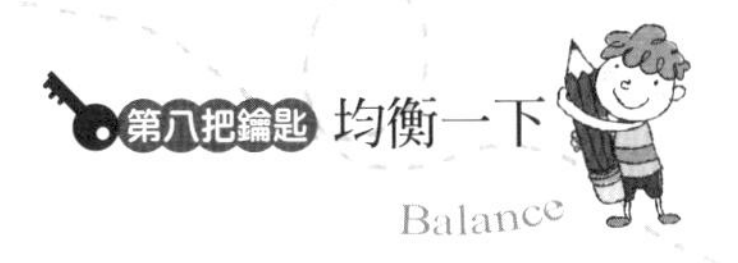

生存層次均衡嗎？

要達到孩子一天之中 20% 的生存層次均衡，必須特別注意生理與情緒是否無恙，而這些都得由身體的照料來做起，父母可以檢視看看，自己的孩子是否有犯規的地方：

一、肉食過量嗎？

根據醫學上的研究，在一天之中，小孩子所需要的肉食量，其實並不多，大約是手掌大就已經很足夠。

肉食一旦過量，容易變成酸性體質，造成情緒容易躁動的現象；所以，肉類食品可以吃，但千萬不要吃過量。

同場加映 小故事

有個媽媽邀請我去她家，希望我能夠幫她解惑，於是問說：「為什麼我兒子的人際關係那麼不好？」那男孩長得高高壯壯，身型略胖，於是我詢問了他們的飲食，果然，這是關鍵之一。

原來家中奶奶疼愛長孫，常常煎牛排、炸豬排，孩子就變得很愛吃肉，越吃越胖，酸性體質導致容易疲累，容易沒精打采。

因為老是睡不飽，情緒鬱悶，在學校裡，如果同學稍微碰觸他一下，他就會馬上生氣，因此容易和同學起爭執。當時我建議這位媽媽，讓他多吃一些富含 DHA 的魚肉，就可以減少脾氣躁動的現象。

二、重口味嗎？

食物若是炸的、辣的、鹹的，口味比較重，這些佐料、加工品，都會增加孩子內臟（肝臟、胃、脾臟、腎臟、胰臟等五臟六腑）的負擔壓力；重口味的食物會消耗體內吸收養分的能量，讓人感到疲倦，疲倦的小孩容易發脾氣，又如何做到身、心、靈的平衡呢？

三、糖份過量嗎？

近年來減糖、半糖飲食的風氣正盛，人人都知道糖份超量對機體會造成極大的危害，可是處處充滿糖分陷阱，現在小孩在三餐以外，還會吃進糖果、餅乾、蛋糕等點心，以及喝下許多含糖飲料，越吃越上癮，若未經父母親嚴格的控管與自我節制，便容易造成體內糖份的過量攝取。

曾經有一份美國雜誌的研究報告發現，有不少患憂鬱症的人從小就有喜歡吃糖份高的甜食之傾向，糖會加速細胞的老化、導致機體代謝的紊亂，進而讓體內的氨基酸受影響，引發各式各樣的病症。

「糖」雖然是飲食中不可或缺的調味料，讓某些食物變得更好吃，適量的糖可以促進腦內啡、血清素的分泌，並且加強體力與腦力。但是糖也是最恐怖的合法毒藥，一旦過量，會造成孩子越吃越甜，進而引發嘴破、蛀牙、結石、發育遲緩、骨質疏鬆、視力退化、胃酸分泌過量、罹患癌症……等等後果，破壞孩子的健康平衡，因此父母千萬要做到替孩子「減糖」的飲食習慣。

四、飲水量不足嗎？

人類的身體有 70% 是水份，腦部尤其需要水；一天之中，如果小孩喝水量不夠 1500 ～ 2000cc，整個人都感覺昏昏沈沈的，容易精神不濟，那又如何能專心上課、用心學習呢？

多喝水對於維持孩子的生理均衡來說，是非常重要的一環，有健康概念的聰明父母都知道，水的好處無窮多。

素有「萬藥之王」之稱的水，它的好處多的說不盡，一般有調節體溫、輸送養分、清除廢物、促進新陳代謝、潤滑器官組織……等等，從孩子的頭到腳、包括皮膚在內的所有器官，要正常運作都少不了水。

發育中的小孩，新陳代謝速率比成人來的快，因此對水的需要也遠多於成人，如果水分補充不足量、不及時，就很容易就中暑、脫水或者是生病，為人父母者皆必須特別留意。

五、太少運動嗎？

運動可以增加人體血清素，足夠的運動量就會產生足夠的血清素，使得身心健康快樂，如果沒有曬曬太陽、沒有運動、沒有排毒，情緒特別容易低盪，孩子又如何能做到身、心、靈中的「身」之成長呢？

除此之外，運動與學習是相輔相成的；由大腦發展的角度，透過運動，孩子會不斷地接收到環境訊息，例如：游泳時感受水的流動、奔跑時感覺兩旁街景變化、踢球時眼睛追隨著彈來彈去的球……等，這些都可以加強神經系統的連結，有助於理解能力的提升；不僅如此，追逐、跳躍、翻滾的動作，對於加強肌肉耐力有所幫助，運用在讀書學習上，孩子才能坐得久、坐得穩；進行團隊運動的時候，與別的隊伍競賽、合作，也同時訓練孩子溝通、表達、分工、輪流……等等重要的能力。

六、睡眠品質不佳嗎？

對小朋友而言，睡眠時間正是腦內荷爾蒙發展的重要時間，孩子如果習慣晚睡覺，不僅只是影響腦部的發育，甚至也會影響身高發展。

美國醫學研究人員曾經發現，充足的睡眠時間，將有助於促進青少年的心理均衡健康，防止抑鬱、憂鬱、躁鬱。

某些小孩因為睡眠不足，早上睡醒爬不起來，到學校裡又拼命打瞌睡，甚至趴在桌上睡著了，該聽到的重要課程沒有聽到，跟同學的互動也會跟著減弱許多，如此一來，生活起居就不正常了。

所以，注意孩子的睡眠是否足夠，和飲食的部分一樣重要；小孩子若能睡得飽，便能充分養足精神來學習、來成長。

七、缺乏休閒娛樂嗎？

一個沒有任何休閒娛樂活動的孩子，他的人生會是何其無聊、沈悶、不好玩，那又如何從生命裡面找到平衡點？

週六、週日，父母親盡量安排孩子去從事爬山、旅遊、運動、看電影、上圖書館……等活動，遠離電腦桌，遠離3C產品，足夠的娛樂活動，釋放壓力，對於身心的平衡發展功不可沒。

以上的七個問題，是關於孩子生存層次方面的照顧。

此外，醫學也特別提到，小孩在一個星期之中，需要攝取40種蔬菜水果，如果每天都吃同樣的食物，例如：昨天吃番茄炒蛋；今天吃蛋炒蕃茄；明天吃番茄炒雙蛋；後天吃雙蛋炒番茄……這樣子的單調飲食，會造成體內營養的不均衡。每日應該盡量做一些有變化的菜色，讓孩子

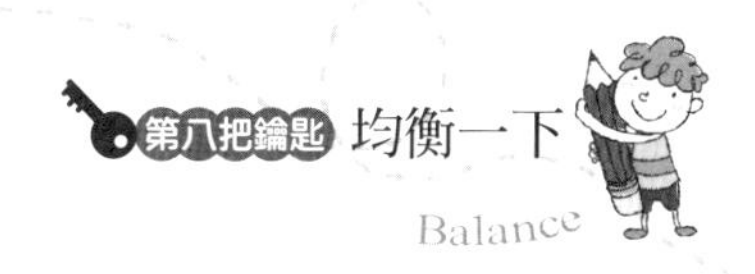

可以吸收到各類身體所需要的營養素。

有些爸爸媽媽會買便當或是到餐廳吃飯，就把這頓餐飯給打發掉了，卻忘了外面的餐飲含有很多的化學品、再製品，或者是烹調過程不怎麼衛生乾淨，小孩處在高風險之下，吸收外面攤販的飲食，長期下來，對孩子就有很多的不當累積造成健康的失衡。

孩子為什麼身、心、靈不均衡？

一、科技 3C 產品太多

在馬路上、公車上、捷運上，甚至連在教室裡，人手各持一台智慧型手機、平板電腦，好像黏在手掌上，離不開眼睛。

有次在演講的會場裡，有位媽媽說：「吳老師，我現在每天都會陪我兒子跑 3000 公尺。」我問：「為什麼要這樣做？」她說：「因為我兒子得到網路上癮症，終日坐在電腦桌前，完全離不開電腦，不肯吃東西，不去上廁所，甚至無法好好睡覺，一上床就會焦慮不安，深怕網路上的網友跑掉，整個生活都打亂了，人生的意義不知在哪兒……」媽媽為了救兒子的命，帶他去看精神科醫師，用藥物慢慢調整，從生活改變起，所以現在她每天陪兒子跑 3000 公尺……。

由此可見，很多孩子有網路上癮的現象，增加了父母的負擔。

二、親子關係太疏離

是什麼造成親子關係的疏離？首先，很多家庭需要雙份薪資來養活一家人，常常有加班、兼差的情形，也就沒空做飯給孩子吃，外食的機會較多，全家自然沒有培養感情的時機，而爸爸媽媽無法讓孩子充分得到身、心、靈方面的照顧，雖然情有可原，但是著實相當無奈。

再者，爸爸媽媽因為管不動小孩，基於教育上的無力感，越來越採取放任措施，孩子從小就被疏忽，與大人的互動貧乏，使成長過程像一個有家的孤兒，也就是傳說中的「假性孤兒」，雖然有家可歸，心靈上卻是個孤兒；有問題不知道要跟誰講，有苦悶不知該向誰傾訴，遇到委曲事不知道找誰幫忙，爸爸媽媽無所察覺，不了了之，日復一日，孩子的身、心、靈就受到創傷，充滿無力感。

身為父母，有時應該要好好問自己：「我們的孩子快樂嗎？我們的孩子健康嗎？我們的孩子有遠大志向，要去幫助別人嗎？」

養育孩子，就像買房子一樣，頭期款付得多，後面的分期付款就輕鬆多了；如果少兼一份工作，少賺一點點錢，卻可以賺到全家人的健康與感情，取捨之間，有時要勇敢做對的選擇。

「子女是我們的資產，還是負債呢？」如果現在沒有好好來教導孩子，將來就會變成負債，賺再多的錢，將來也可能 hold 不住；如果讓孩子在身、心、靈各方面均衡成長，那就成為全家人的資產，能夠保值。

爸爸媽媽如何給孩子最好的影響？

如何從身、心、靈三方面，給予孩子最好的影響呢？

親子共遊

爸爸媽媽自己要做到身、心、靈全方位的成長，假日不宜偷懶睡覺，而應該陪孩子一起到戶外旅行、火車旅遊，或是泡溫泉、看電影，做一些親子共遊的活動，藉由共遊的機會，帶孩子走到戶外，去認識、理解這個世界，並且透過親子相處的過程，讓孩子感受到父母切實的關愛，

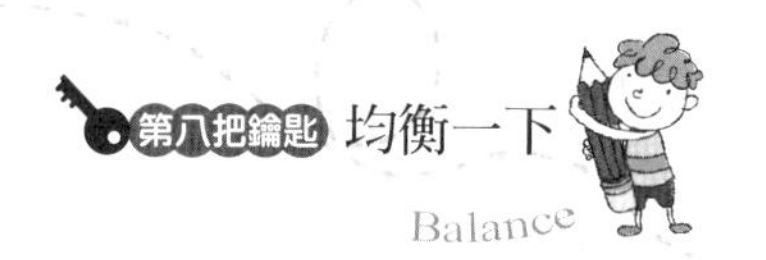

以及學習父母親自我成長的模式。

親子共讀

爸爸媽媽可以和孩子共同閱讀一本書，討論彼此不同的看法，在這樣的討論過程裡，孩子可以吸收到爸媽好的看法與做法，同時也能印證爸媽身、心、靈成長的學習結果，共同成長。

親子分享

當孩子回到家裡，應該要習慣把心裡的感受或是想法，勇敢地分享出來。孩子說出來的時候，父母才可以了解到孩子在靈性成長方面欠缺的部分，可以說一些故事，讓他們在心靈層次得到提升；或者是孩子在講一些苦惱的事，爸爸媽媽也可以提到他們小時候發生過類似的事件、感受，後來又是怎麼解決的……。

藉由親子共遊、親子共讀、親子分享的過程，全家人有良性循環，讓彼此在生活的層次裡，得到身體（飲食、起居生活各方面）有最好的照顧；在生存的層次，藉由互動分享過程中，增強彼此的實力；靈性的部分，對於自己的想法，會有較寬廣的思維，海闊天空，不會糾結在小鼻子、小眼睛的事物上，讓自己痛苦不已。

均衡一下吧！全方位地教導孩子，讓家中大人與小孩共同成長。

我是你絕佳幫手，我是你沉重負擔；是我驅策你向前，讓你掙脫失敗；我讓偉人卓越，也讓失敗者萬劫不復；看輕我，我將會毀滅你；緊跟著我，就能將世界踩在腳下。我是誰？習慣是也。

丹尼斯．魏特利（Denis Waitley）

Respect Parents

孩子在公車上看到高齡乘客，不曉得要體恤讓位？對待家中長輩毫無分寸，動不動大吼大叫、頤指氣使？當爸爸、媽媽身體不舒服躺在床上的時候，仍然無動於衷，從來不會主動幫忙做家事？

第九把鑰匙

孝順父母

我們能誕生到這個世界，感受人生，無疑最先應該感恩的就是我們的父母。回報親恩要及時、孝順長輩要及時，其實，爸爸媽媽都是很容易滿足的，一個眼神，一句暖語，一份小禮物，來自寶貝子女都讓他們開心不已。親愛的讀者，您有多久沒有牽牽爸媽的手了呢？

孝順父母

Respect Parents

天下第一情是父母之情，孝順是不能等待的。每個孩子都要學會如何有智慧地孝順，而不是對父母盲從，並不是任何事情都按照父母要求去做。如果父母親有著不對的想法，而你卻仍然只知道依照錯誤的命令行事，那只有做到「順」的部分，但不一定是真正的「孝」，也不能算是真正的「孝順」了。

孝順應該是一種發自內心的尊敬，與爸爸媽媽有任何觀念上的衝突時，和顏悅色地溝通，心悅誠服地聆聽，共同經營家庭成員的感情。

吳娟瑜媽媽經

百善孝為先，孝順是天經地義的事，孝順應該是家喻戶曉的道理，然而，為什麼現代的小孩子需要刻意地教導「孝順」呢？

核心家庭的困境

小孩子不懂得孝順的主要原因，是因為現代「核心家庭」的組成，也就是所謂的「小家庭」越來越占多數。

所謂的小家庭，裡頭人數並不多，由爸爸、媽媽、小孩所組成，而正因為小家庭遠離了大家庭，相對地難以學習到敬老尊賢。

上一代的大家庭，也許是三代同堂，也許是四代同堂，整個家族生活在一起，會特別重視長幼有序的尊長禮節。

譬如，每逢過年，晚輩領紅包之前，必須先向長輩跪拜；在餐桌上，一定是長輩先動筷子之後，晚輩才可以舉筷夾東西吃；外出行走時，晚輩務必要行走在長輩的後方，時時關切長輩有何需求……等，這些禮儀，都是從小耳濡目染學習而來，不需刻意教導的。

不僅如此，身處於大家庭，親戚間經常碰到面、相互打招呼，所以對於各個輩份的稱謂亦相當看重，例如：叔叔、伯伯、阿姨、姑姑、堂哥、堂弟、表姊、表妹……等等，有種敬老尊賢、親情濃烈的感受；在小型的核心家庭裡，比較感受不到這些。

爸媽又忙又累

整個社會結構、經濟環境在改變，從前在老家顧守田產，看著老天爺過日子的時代已經過去了，人們都往城市尋找生存發展空間，希望給予小孩比較好的教育學程，因此家庭基本的開銷也變得龐大；父母兩個人要共同撫養孩子，還要撐起一個小家庭的經濟，若失去大家庭的支持，勢必得要有雙薪收入，才足以養活在都市裡的家庭，肩上擔子著實不輕。在這樣的情況之下，小家庭的爸媽其實沒有空照顧到小孩。

長輩鞭長莫及

以前大家庭的生活型態，小孩放學後有爺爺、奶奶幫忙照顧，或是與隔壁的大伯、姑姑的孩子一起寫作業，親戚間可以互相支援；而現在年輕一代的情況是，結婚後通常傾向不與長輩們同居，於是，遠在別處的長輩，便無法支援照顧第三代一事。

倘若爸爸媽媽要加班，無法早點回家，小朋友放學回到家，家裡甚至沒有大人在；而即使爸爸媽媽準時回家，家庭中大大小小的生活瑣事，例如：掃地、拖地、洗碗、煮飯、幫小孩洗澡、教導孩子功課、陪孩子說說話、觀察孩子的品行、解決孩子的煩惱……等，父母不是八爪章魚，實在很難兼顧得面面俱到，下場通常是累壞了爸爸媽媽。

此外，核心家庭的爸爸媽媽，分身乏術，也無法照顧自己的爸爸媽媽，所以小孩平時根本看不到父母親照顧爺爺奶奶的畫面，亦學習不到扶老攜幼的觀念；只能在過年、過節之時，回到長輩家中團圓，大家有機會齊聚一堂，才能趁機教育彌補一下。

孩子的孤單怨氣

父母親沒有時間陪伴的小孩，容易有不被了解的孤單感，進而累積著怨氣。現代這個庸庸碌碌的社會上，有不少小孩極少與爸媽共進晚餐，而是以「鑰匙兒童」的身份長大的。

記得我小學二年級的時候，有個核心小家庭跟我們家租房子，令人印象深刻的是，每天都從他們家傳來一個名叫「阿婷」的小女孩哭泣的聲音，她年齡大約 4 歲左右，爸媽都要外出上班，只好把她放在屋內一整天，沒有任何大人的陪伴照顧，那時也沒有電視可以看。有時，我沒課，正好在家聽了於心不忍，都會想辦法爬進去她的房間，安慰她一下，陪她聊天、說話、講故事……。現在回想起來，陣陣兒童淒厲的哭聲，我仍然忘不掉；她的爸媽怎麼能忍心讓孩子獨自在家呢？一個年僅 4 歲的小孩是如何自己吃東西的？實在是不可思議。

在我的演講生涯，常常聽到一些已經成長為大人的人，訴說童年時期的孤單，似乎仍然帶有怨氣：「父母既然生了我，為什麼不好好照顧我？」、「如果爸爸媽媽愛我，就應該多多陪伴我才對呀？」然而，家長確實是愛子女的，他們的想法是：「為了讓孩子有一口飯可以吃，我必須出外努力拼命賺錢，給孩子過更好的生活。」

孩子有孩子的怨氣，大人有大人的苦衷，這樣的情況，著實是非常無奈的。所以，希望小孩子能夠自己去體會爸爸媽媽的處境，心懷感激，而不要帶著怨氣成長，其中的教養過程便是關鍵。

爸爸媽媽究竟該如何做、如何表達，才能讓子女懂得體諒長輩的辛勞，並且懂得「孝順父母」的道理呢？

孝順怎麼教？

現在社會環境和以前有很大不同，以前是用眼睛看了就懂，現在則是聽多了也不見得懂，孝順無法僅僅只透過說教來表達，那麼，原則上該如何教呢？我認為，孩子如果「順」了，自然就會「孝」了，孩子一旦有了「順」，自然便有了回饋、感恩的心。

讓孩子心服口服

要讓孩子心服口服，必須讓孩子感受到父母對孩子的好。

爸爸媽媽愛孩子是天經地義，當孩子的世界還小，很好帶養，只聽爸媽的語意，不會亂跑，等到孩子慢慢長大後，發現外面世界大了，好奇心、叛逆心、自主意見變多，這個時候，父母應該如何讓孩子能夠獨立成長，也能與爸媽有良好的關係，對父母心服口服？

有一種方法，就是在假日或家族聚會，大家一起翻翻舊照片，或是看看家族的錄影帶，讓孩子回想小時候，媽媽把自己抱在懷裡慶生、爸爸把自己舉在肩膀上、帶全家人去看野台戲……等回憶，一再地回憶起自己備受疼愛的那些片段、那些時刻。

同場加映
小故事

有一部由挪威女性導演拍的電影《奧斯陸少年有點煩》（英文名稱：Brothers），這位女導演憑藉此片獲得了最佳導演獎。這部電影裡面，描述孩子一出生，媽媽就開始錄影記錄孩子的成長過程，一直拍到 20 歲左右，孩子說：「媽，我們要談戀愛了，妳不要再跟拍了。」於是媽媽才停止。前後有 20 年左右，記錄了孩子的 20 年成長過程。

為什麼這位挪威媽媽會做這件事？因為她小時候，看過家族中的長輩使用錄影機拍攝家族長輩求生的過程，這些長輩們都是以捕魚維生，所以他們扛著錄影機在大海裡，紀錄了家族成員如何在狂風暴雨、波濤洶湧的海浪中捕魚，奮勇求生，如何整理漁倉，甚至還拍攝到她的外公站在一艘小船中，眼看自己的船在大海中被洶湧的海浪吞噬了，這段畫面，讓人非常震撼。讓小孩看到祖先如何生活過日子，怎麼會不感動呢？又怎能不對長輩們產生謝意呢？這些畫面看在子子孫孫眼裡非常有感受，於是這位挪威媽媽便做了一樣的事。

我認為，如果有空，大家圍在一起看照片、錄影帶，回想當初全家嘻嘻哈哈、共同成長的點點滴滴；或者是看到爸爸媽媽當初年輕時的面孔，而今卻是白髮、皺紋，在笑臉上有著疲累感，讓孩子感受到：原來長輩們都是這樣無條件地付出，在為愛奉獻著，孩子們便會口服、心服。

讓孩子有樣學樣

記得有位朋友闡述照顧長輩的情形；他的父母已有 80 多歲了，爸爸有高血壓、媽媽患有失智，身體健康都有狀況，於是他接了他們一起回自己家住，他家中有庭園可以走動散步，很適合老人家生活；而他也徵求弟妹們的同意，請了一位外傭幫忙照護。

有一天，他邀請了弟弟、弟妹、妹妹和妹婿共 6 個人，一起來討論父母老後要如何照顧他們，他跟弟弟、妹妹說：「外傭的費用，由我們三人平均分擔，每人負擔三分之一，這樣做，可以嗎？」弟弟、妹妹們馬上點頭同意；接著他又說：「醫生建議老人家最好不要經常搬家，有時搬到弟弟家住，有時搬到妹妹家住，這樣不適合老人家，老人家適合住在一個固定又安心的地方，好好養老。」弟弟、妹妹也非常感謝哥哥願意承擔大部分的照護責任。

說到這裡的時候，這位先生轉頭對著他的老婆說：「老婆，從今天開始，照顧爸爸媽媽是我的責任，並不是妳的責任。」

聽到這裡，我不禁好奇的問：「你的老婆聽了你的話之後，真的就不會照顧你的爸媽了嗎？」他說：「不會啊，她還是會幫忙照顧，但是心頭上就不會有那麼大的壓力了。」

傳統上，大媳婦理當負責照顧公公與婆婆，但這位男士非常有擔當，他在兄弟姊妹的面前，講出這樣既疼愛老婆又富有責任感的一句話，老婆聽了，心裡也就放鬆多了，做起來更甘願。有時候，他帶著老婆去旅行時，弟弟、妹妹也都會自動安排時間來照顧爸媽。

一個家族裡，中生代的長輩們，願意照顧他們的老爸老媽，試問他們的孩子看多了，是否也會模仿、學習？

這位朋友說：「我的兒女也都非常孝順，很體諒爸媽的辛苦，也樂意幫忙照顧爺爺奶奶，孩子有時候會說：『爸媽，你們辛苦了，去休息吧，換我們來陪著爺爺散步。』」這樣不是很棒嗎？

這位先生孝順自己的父母，讓他的孩子也學到如何去陪伴這些漸漸年長的長輩，這都是生命中一門很重要的學習功課。

讓孩子多參加孝親活動

社會上經常舉辦有關孝順禮節的活動，例如，在父親節、母親節裡，許多單位都會舉辦「為長輩洗腳」的活動。

記得一次演講中，有個60多歲的男士分享，他媽媽已經90多歲了，不方便自己洗澡，這位男士每天都會幫媽媽洗澡；剛開始，媽媽會覺得讓兒子洗澡不好意思，自己洗就好了，但是這位男士怕媽媽跌倒，怕媽媽不方便，於是他跟媽媽說：「小時候您幫我洗澡，現在您年紀大了，讓我來幫您洗，這也是應該的。」男士說，每天幫媽媽洗澡時，都很感動，媽媽還能活在世上，能夠幫媽媽洗澡是一件讓他感動的事。

一個60多歲的人，還能幫90多歲的媽媽洗澡，他的子女倘若看到了這樣的情形，會有怎樣的感受呢？在這樣的環境，孩子一定可以學到如何去順從父母長輩，孩子學習到了「順」，自然就會「孝」了。

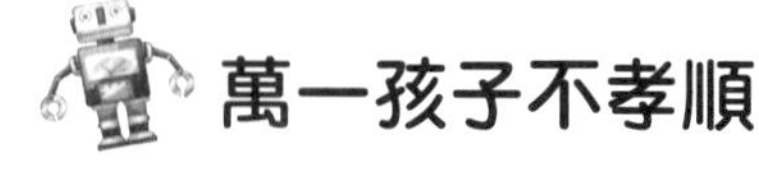

萬一孩子不孝順

如果孩子不孝順了，該怎麼辦呢？在現今的社會裡，這類的案例實在太多了，我建議有三點來處理這類的孩子，第一個是「等待策略」，第二個是「誠意策略」，第三是「成長策略」。

等待策略

講到等待策略，讓我舉個例子。

當年我在報紙寫專欄時，有位媽媽從報社取得我的聯絡電話，打來請教我說：「老師您好，我有個 19 歲的女兒，才考上大學，終於離家到南部唸書，第一個周末返家時，剛進家門就對媽媽說：『都是妳，以前管我那麼多，把我以前的青春還給我吧！』我聽了嚇一跳，不知道發生了什麼事。原來，她上大學後，看到同學之間所談論的都是一些時髦的事物，才驚覺自己過去因為媽媽管太多了，假日很少外出，對於流行方面的訊息也就不太了解，等到她一進入大學之後，同學們都很活潑、有趣，大家有說有笑的，她格格不入，才發現自己過去太過於沈悶無聊，所以回到家後，便埋怨我過去管她太多了。」

不僅如此，這個女孩一進入大學就有男孩子追求，想談戀愛了，她的媽媽於是開始慌張了起來，又問我：「我和女兒鬧僵了，她決定要搬出去和男朋友同居，不想回來家裡了，該怎麼辦呢？她現在固執地認為，自己從小到大，都被媽媽騙了……」

這位媽媽在慌張之中，說完整個事件，我告訴她：「她才剛念大一而已，羽翼還沒成熟，對於社會的險惡，還沒弄清楚，不適合離開家，想個辦法讓她能夠感恩這個家，謝謝媽媽的疼愛。要怎麼做呢？」我建議她一個小方法：「明天當妳女兒準備要搬出去前，好好跟她溝通，不要用罵的方式，而是用關心的方式去跟她說：『女兒，這個家門永遠為妳而開，無論妳去哪兒，別忘了媽媽愛妳。』」

後來，這位媽媽再次打電話來說：「吳老師，太神奇了，我很誠心地跟女兒講了這句話，結果她在搬動東西到門口時，突然停了下來，回過頭來對我說：『媽，我不搬出去了。』」

孩子不順心，對原生家庭不滿意，和男朋友出去同居，就會出現花費過高、人身安全的問題，大家關係鬧僵了，往後的事情更複雜、更難處理；這位媽媽懂得等待，等待這個孩子更懂事，等待孩子聽懂媽媽的好意，願意將彼此的關係再度調整好；所以，父母的第一個策略就是要等待，等待孩子透過成長變得更成熟。

誠意策略

第二項，就是誠意的策略。

有一對父母，聽完我的演講之後，淚潸潸地告訴我說：「我們家的兒子，已經完全變了樣，讓我們走頭無路了。」

原來，這對父母的兒子，自從進入了五專學校，所交往的朋友和以前的朋友不一樣，有不學好的、愛翹課的、會抽煙的、打麻將的、會飆車的……等人際關係複雜的朋友，兒子一進入大染缸之後，就開始對爸媽惡言惡行、態度惡劣，不管爸爸媽媽如何好言相勸，兒子只會回答:「閉嘴！不要吵！煩死人了！」接著惡狠狠地趕走爸媽。

這對父母流著眼淚訴說著，我告訴他們：「孩子現在正處於不懂事的狀態，硬碰硬，會兩敗俱傷，我們要用誠意的策略來處理，也就是說，一個人無法感動對方，是因為誠意還不夠，我們做為父母，要如何把誠意釋放出來？當孩子回家，你們不要急急忙忙對孩子說：『回來了，趕快去吃飯。』因為這句話是平常家庭的對話，懂事的孩子會感謝爸媽這樣說，但是，你們的兒子並不懂事，才會一回到家就大聲斥喝、呼來喚去的，把家裡搞得烏煙瘴氣；然而，做為父母亦不能太謙卑，只好向他招招手、笑咪咪、不出聲音，指指餐桌上的飯菜，就回房間，因為爸媽

不說話，他也沒轍，沒有機會對爸媽發脾氣。」

這樣的故事，說起來當然很悲哀的，親子關係演變成這樣惡劣，但是我告訴這對父母:「這是過程，讓他冷靜下來，讓他沒有機會來找你們、罵你們。先減少爭吵的頻率，再慢慢等待孩子覺醒。」感動對方，是需要時間等待的，這就是誠意策略。

成長策略

所謂的成長策略，不只是孩子的成長，更包括父母的成長；爸爸媽媽透過自身的成長，來帶領晚輩小孩共同成長。

有位媽媽，她也有個不孝順的女兒，是個講話沒大沒小、不懂禮貌態度、發生問題就怪罪爸媽……等等的問題孩子。

這個女孩，從小就很少和媽媽說話，嫌媽媽囉唆，媽媽很憂心地來請教我，我告訴她：「妳要積極成長，妳成長好，有一天她回頭了，而妳也準備好了，正好可以帶領她，一起共同成長。」

這位媽媽將我的話聽了進去，很用心地去學習溝通、情緒管理、親子教養關係……等，參加各種父母成長課程，但是女兒的態度一直沒有改變，媽媽問女兒話時，女兒總是回應一聲『哼』，態度仍然很不禮貌。

直到有一天，她的女兒大學畢業，搬出去住後，某日突然打電話給媽媽，哭得很傷心，媽媽嚇了一跳，以為孩子出車禍，結果並不是，原來是男朋友劈腿了。女兒說：「媽媽，您有空嗎？可以趕快來陪我嗎？」因為媽媽已經成長了，她沒有諷刺女兒、冷言冷語說：「終於回頭找我了啊？」而是用一種積極的態度說：「女兒，妳在哪裡？我馬上過去！」

由於媽媽有參與成長的課程，亦很懂得聆聽，女兒向媽媽訴說了 40 多分鐘後，說:「媽媽，我現在該怎麼辦？」這時，有智慧的媽媽回答:「寶

貝女兒，妳有兩個選擇，第一，妳繼續和他在一起，等到結婚多年以後，妳手上抱一個小孩，肚子也懷一個小孩，而他卻要和妳離婚，因為他外面有女朋友；第二，在妳還沒有嫁給他時，妳就看清楚他是什麼的人。」女兒淚汪汪的回答：「當然是第二個，第一個太悲慘了。」媽媽說：「沒錯，妳放心，媽媽會陪伴妳，我們一起來渡過這個過程。」

所以，父母看到孩子不孝順時，千萬不要先洩氣，有時候應該反省想想自己，在教養孩子的過程中，是不是有哪個地方疏忽了，做錯了什麼事？還是小孩天性上就是不懂事呢？

教導孩子孝順這一件事，爸媽決不要放棄，用等待的策略、誠意的策略、成長的策略，相信孩子有一天會懂——原來爸爸媽媽是這樣關心我、這樣愛我。

等到那個時候，通常就是生命的收穫期了，保證爸媽會覺得一切的挫折與努力都是值得的。

教養子女可能是世界上唯一沒有正規教育，但是卻需要終身全職付出的職業。生兒育女，父母雖視為理所當然，但是教養子女的過程中，卻往往會歷經太多的磨練與錯誤。

丹尼斯・魏特利（Denis Waitley）

林偉賢爸爸經

親嘗湯藥、鹿乳奉親、臥冰求鯉、彩衣娛親……二十四孝裡的各種故事，都在教導孩子們要孝順；孝順父母，是我們從小到大受的品格教育中，最應該要做到的。

孝順，是一切良善品德的基石

孝順是最基本的人倫道理，飲水要思源、吃果子要拜樹頭，對於生育自己、撫養自己，給予自己生命的人，如果都沒有辦法好好回報，那麼即便滿口的大道理，聽起來都沒有說服力，叫人懷疑。

社會評斷一個人，首先看的是人格，而人格首先看的是孝順與否，一個不孝順父母的人，他的人格就被打了折扣，很快就被降了很多分數。如果對於最親、最愛、最支持你的爸爸媽媽，都無心好好照料，那麼對於其他非親非故的朋友、非親非故的同事、非親非故的合作者，你怎麼可能會照顧好？如果孩子從小就懂得孝順父母，長大之後，對於他在社會上的表現，也會有很大的幫助與價值。

孝順的另一個角度是尊重，有時候，父母要的不是豪華的物質、昂貴的東西，他要的是受到孩子的尊重、關注，對長輩來說，這些比送他任何的禮物、財富都還要來得有用。而當孩子擁有一份尊重父母的心，無論走到那裡，對於其他人物、事物，也同樣會有尊重的表現。

孝順，是從小耳濡目染的習慣

談及孝順的話題，我不禁便想起我的父母親，對我來說，很感謝他們對我所付出的一切；我父親 20 歲、我母親 16 歲的時候，兩人還很年輕就結婚了，我母親 17 歲就生下了我，所以我在一個比較早的時間點，就來到人世間，而他們用那一點點微薄的工資，含辛茹苦地把我們養大。

在過去的年代裡，生活環境很辛苦，我的父母親只有小學畢業，沒有機會接受到更多的正規教育，而沒有受到足夠學校教育的父母，並不代表不能把孩子教育好，把教育發揮到最好，像我的父母對我們的教育，

我認為真的很有智慧。

即使今天我的事業已經有所成就，我的父母親還是跟以前一樣，生活非常節儉，他們認為要維持簡樸的生活習慣，就算再有錢，也不應該浪費資源，再有錢，還是應該按照平時該有的努力付出……等，很正面的觀念；當然我知道這些觀念是對的，我願意按照他們的想法去做。

我認為為人父母者本身的所做、所言，都會帶給子女很大的示範作用，是一個成長的榜樣。

以前，爺爺奶奶、外公外婆在世的時候，我們都住在一起，爸爸媽媽對待爺爺奶奶的態度，完全影響了我；我看著我的父母對待長輩，是那麼地孝順，相對的，我也會對父母非常孝順。

而我的子女，情況也都很特別，我的爸爸、媽媽，和我，以及我的孩子們，都住在一起；一般來講，現在已經比較少三代同堂的情況。同樣地，我的孩子看到我對家中的所有長輩們是怎麼樣地恭敬與照顧的，他們也會認真、持續地和我一起照顧長輩。

因此，在這樣良好的循環示範裡，會讓兒子、女兒、孫子們給予自己一個正確的方向，努力去把孝順這件事做到最好。

不求回報的愛心樹

《愛心樹》（The Giving Tree）是謝爾．希爾弗斯坦的繪本作品，書中描寫的是一棵樹和一個男孩間的感人故事。

蘋果樹深愛著小男孩，當男孩日漸長大，遭遇人生不同階段的困難，蘋果樹都毫不猶豫地把自己的蘋果、樹枝、樹幹、樹根都給了他，無怨無悔的付出。以下便是此故事的全文：

從前有一棵樹，她好愛一個小男孩。每天男孩都會跑來，收集她的葉子，把葉子編成皇冠，扮起森林裡的國王。男孩會爬上樹幹，抓著樹枝盪鞦韆，吃吃蘋果。他們會一起玩捉迷藏，玩累了，男孩就在她的樹蔭下睡著。男孩好愛這棵樹，好愛喔！樹好快樂！

日子一天天的過去，男孩長大了，樹常常好孤單。

有一天男孩來到樹下，樹說：「來啊，孩子，來，爬上我的樹幹，抓著我的樹枝盪鞦韆，吃吃蘋果，在我的樹蔭下玩耍，快快樂樂的。」

男孩說：「我不是小孩子了，我不要爬樹和玩耍。我要買東西來玩，我要錢，妳可以給我一些錢嗎？」

樹說：「真抱歉，我沒有錢，我只有樹葉和蘋果。孩子，拿我的蘋果到城裡去賣，這樣，你就會有錢，你就會快樂了。」於是男孩爬到樹上，摘下她的蘋果，把蘋果通通帶走了。樹好快樂。

男孩好久沒有再來……樹好傷心。

有一天，男孩回來了，樹高興地發抖，她說：「來啊，孩子，爬上我的樹幹，抓著我的樹枝盪鞦韆，快快樂樂的。」

男孩說：「我太忙了，沒時間爬樹。我想要一間房子保暖，我想要妻子和小孩，所以我需要房子，你能給我一間房子嗎？」

樹說：「我沒有房子，森林就是我的房子，不過你可以砍下我的樹枝去蓋一棟房子，這樣你就會感到快樂了。」於是男孩砍下了她的樹枝，把樹枝通通都帶走去蓋房子。

樹好快樂，可是男孩好久都沒有再來，所以當男孩再回來時，樹好快樂，快樂得幾乎說不出話來。

「來啊，孩子，」她輕輕地說，「過來，來玩啊！」男孩說：「我又老又傷心，玩不動了。我想要一條船，可以帶我離開這裡，妳可以給我一艘船嗎？」樹說：「砍下我的樹幹去造船吧！這樣你就可以遠航，你就會快樂。」於是男孩砍下她的樹幹造了條船，坐船走了。

樹好快樂，但心裡也很惆悵。過了好久好久，那男孩又再回來了。

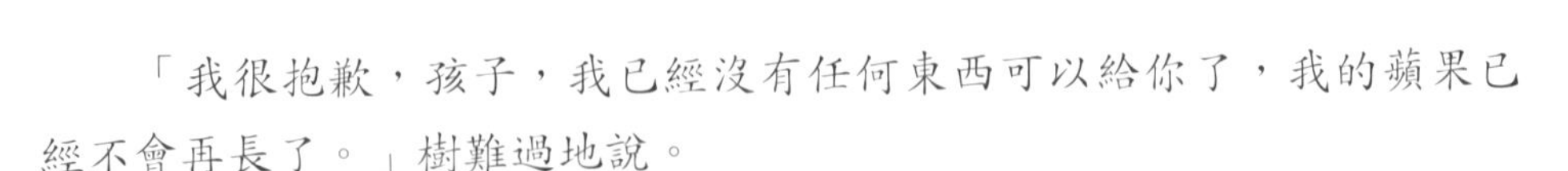

「我很抱歉，孩子，我已經沒有任何東西可以給你了，我的蘋果已經不會再長了。」樹難過地說。

「我的牙齒也咬不動蘋果了。」男孩說。

「我的樹枝沒了，你不能在上面盪鞦韆。」

「我太老了，沒有辦法在樹枝上盪鞦韆。」

「我的樹幹沒了，你不能爬。」

「我太累了，爬不動的。」

「我真希望我能給你一些什麼，可是我什麼也沒有了，現在我只剩下一塊老樹根，我很抱歉。」

「我現在要的不多，只要一個安靜可以休息的地方，我好累好累。」

「好啊！」樹一邊說，一邊努力挺直身子，「正好，老樹根最適合坐下來休息。來啊，孩子，坐下來，坐下來休息。」

男孩坐了下來，樹好快樂。

書名中的Giving（施予；給予）就是指這棵蘋果樹自始至終無條件的奉獻。這樣的愛，雖然可能指友誼，也可能指愛情，但是由於它是那樣的無私無我，往往容易令人聯想到父母對孩子的愛。

現實生活中不也是這樣嗎？年幼時，父母就是我們的全世界；然而隨著年齡增長，我們離開家，卻忽略了父母心中的感傷；在人生各個階段，帶著各種需求回家，父母總是竭盡所能地給予支持；而我們仍習慣將目光擺在外頭的世界，甚少陪伴家人；往往要等到在外頭闖蕩得累了，才想起家的安穩、家的好，這時步伐蹣跚地回到溫暖的歸宿，爸爸媽媽敞開雙臂迎接，卻也已經白了頭髮。

這個故事不僅僅是表達了父親、母親偉大的愛，同時也在提醒讀者們孝順的重要性，以及「孝順要及時」的觀念。

珍惜、感謝、發現、把握、原諒、忘記、發洩、接受

就像一棵給盡果實、樹枝、樹幹、樹根的蘋果樹，父母可以為了我們給盡一切，所以對父母要懂得知恩圖報，無論是什麼樣的親子關係，請盡力地去回饋父母親恩。

珍惜應該珍惜的

人海茫茫，地球上幾十億人口，能夠成為父母和子女，這樣的關係是難能可貴的緣分，心中必須好好地珍惜。

感謝應該感謝的

基於內斂的習性，對父母有再多感謝的話，小時候都悄悄藏在心裡，沒有勇氣說出口，長大成人以後，請積極地向父母表述感謝。

發現應該發現的

孩子如果仔細地觀察父母，會發現，父母的腰可能更彎了、父母的皺紋可能增加了、父母的行動可能漸趨緩慢了……。

把握應該把握的

把握可以跟父母相處的一分一秒，對父母來講，時間是倒數的；對爺爺奶奶來講，倒數的時間又更短。即便是待在長輩身旁，聽聽他們嘮叨年輕歲月的光輝瑣事，都是孝順的表現。

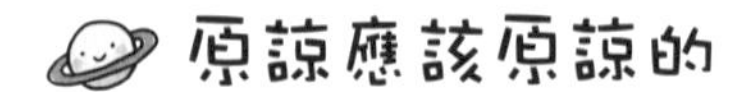

原諒應該原諒的

並沒有一所專門的學校，是教人如何當父母的，沒有父母學過如何當好父母，所以，即便是父母也會犯錯，例如：有些家長比較重男輕女，對哥哥好，對妹妹較差等等；做子女的要懂得適當地原諒，爸爸媽媽在教育過程中無心犯過的錯。

忘記應該忘記的

有些小孩，在比較差勁的環境中長大，例如：家裡面的父母愛賭博，甚至忽略了對子女關愛，不高興就亂打罵……等，類似這些憤怒，長大了之後，可以慢慢地忘記。

發洩應該發洩的

適當的情緒宣洩，讓心靈上有所調適，化解關係上的不完美。

其實，孩子可以表達自己的不滿，例如告訴爸媽：「你們疼哥哥，卻比較不疼我。」也許父母會解釋說：「我們認為你比較獨立，讓我們比較放心，所以才……」說不定能夠增進雙方的溝通，化解疙瘩。

接受應該接受的

曾經做過這樣子的街頭訪問：「如果你能重新選擇，選擇去哪個地方投胎，當誰家的子女，你會如何下決定呢？」結果，95%的人都表示，願意在同一個家庭再投胎，重新再來到自己的家。回答完這個問題，你可以想看看，即然重新來到人間，還是要在這個家，那麼，你已經在這個家了，當然更該好好在這裡好好生活，接受這個家的不完美之處。

接受身邊所有的一切，是所有成就的來源；所以，珍惜應該珍惜的，感謝應該感謝的，發現應該發現的，把握應該把握的，原諒應該原諒的，忘記應該忘記的，發洩應該發洩的，接受應該接受的，孩子們，請從這八個角度來看待和父母的相處吧。

孝順的延伸價值

孝順除了是對家庭長輩的態度，另一方面，也可以將「孝順」的態度與觀念，作為商場上的準則，或者是行銷上的運用。

我們可以運用孝順的元素，創造出一些產品，譬如智能手錶，針對老人家跌倒的情況，有特殊的功能設計，老人家跌倒時，可能已經沒有能力講話，這手錶一觸碰到地上，它會自動撥出三通電話，給三個緊急連絡人，同時緊急連絡人的手機會立刻自動撥號，導航出老人家跌倒的位置，醫院就用最快的速度，找到這個老人家，避免失去搶救先機，不會延誤救治，這就是一項以「孝順」為契機開發出來的產品。

又譬如小米科技推出了 iHealth 智能血壓計的紅米版；紅米是在老人族群當中非常暢銷的智慧型手機品牌，iHealth 是針對老人的健康管理配件；這也是小米科技運用「孝順」的思維，所創造出來的一項產品。

孩子們有朝一日離了巢，鮮少會談及你在他們身上所花的錢。但是在你人生中的每次家庭聚會中，孩子和孫子將會追憶與你共度的歡樂時光與悲傷。

丹尼斯・魏特利（Denis Waitley）

Willing to Help Others

您的孩子缺乏同理心，眼見其他孩子哭泣也不會上前撫背安慰嗎？您的孩子斤斤計較，總是覺得小弟弟、小妹妹做的家事比較少嗎？您的孩子對別人的情緒變化相當遲鈍，察言觀色的能力低下嗎？

第十把鑰匙

樂於助人

日常生活中，有幫助別人及被幫助的機會，例如：幫忙按電梯、幫忙提重物、順手撿起垃圾、鼓勵考得差的同學、對公車司機說謝謝……等，都是助人的範疇；爸爸媽媽應該經常親身示範，並透過詢問引導孩子思索別人的情緒：孩子，你瞧那皺著眉頭的店員，他的心情如何呢？

樂於助人

Willing to Help Others

英國偉大作家查爾斯・狄更斯曾經說過：「世界上能為別人減輕負擔的人，都不會是庸庸碌碌之徒。」由此可見，若希望孩子成為優秀的領導人，樂於助人是很重要的個性特質，勢必得先培養起一顆助人為樂的心。

以實際面來說，主動解決別人的問題，孩子也許會上網查資料、認真動頭腦，甚至是學習新技能，林林總總的收穫，最大受益者都是自己；以精神層面來說，提供幫助的過程中，孩子除了提升品格，建立形象，亦獲得自身心靈上的滿足。不僅如此，熱心服務的人，悄悄地累積起善緣，未來的道路上將出現貴人相助。

林偉賢爸爸經

「助人為快樂之本」這句話的箇中道理，千真萬確；當你幫助的人越多，你就會感覺越快樂；特別是當你的生活遇上瓶頸，覺得人生過不去的時候，去看看別人、去抱抱別人，你會發現，社會上其實有更多人加倍辛苦、加倍需要被幫助。

海洋的奉獻精神

不管是「Super Camp 超人營」裡談的樂於助人，或是青少年的「Money ＆ you」課程，亦或是我們所出版的書裡面，都非常強調要讓孩子們學習「海洋的精神」。

海洋，是地球最低的表平面，它什麼都不要、什麼都不爭，但是它什麼都有，擁有最豐富的生態圈。不管是好的或不好的，都會往海流，流到海裡面去，形成了一個自然生態體系。

我們在課堂上會引導孩子唸：「我是豐富的海洋，我什麼都不要，我只要去給予。」因為給予的越多，奉獻出去的同時，也一定會收到回饋；可是，如果只是貪得無厭的拿取，終有枯竭的時候，什麼也收不到了。

自私的人自食惡果

有很多人不願意幫助別人，認為這是傻子的行為，奉獻給予是讓自己損失；其實不是的，自私才是傻子，自私才是損失。

有部電影叫《讓愛傳出去》（Pay It Forward），影片裡面的主角是一個美國初中生，他決定的暑假作業題目就是無償的幫助三個人，並要求這三個人將得到幫助的恩情傳達給另外三個需要幫忙的人。

這樣下來，不到幾層的網絡裡，全世界的人可能都得到幫助，繼續往外走，同樣的，也可能你就成為被幫助的人。

有一個被判下地獄的人，到了地獄裡面，發現每張餐桌上，都擺上好吃的菜餚，然而，地獄裡每個人的手都變成一雙長長的筷子，手的本身是筷子，就不能彎曲了，想要夾菜給自己吃，怎麼夾都吃不到，所以地獄裡的每個人都很瘦小、很飢餓。

後來，這個人又去了天堂，發現天堂的菜和地獄裡的菜，都是一模一樣的，天堂裡每個人的手，也都變成非常長的筷子，跟地獄的人是相同處境。但是天堂裡的人們卻都胖胖的沒有餓肚子的跡象，為什麼呢？

原來，天堂裡的人夾菜之後，都不是夾給自己吃，而是夾給對面的人吃；你吃不到，我夾給你吃，我吃不到，你夾給我吃。這裡的人都在奉獻，因為彼此幫助，反而成就了一個和諧的社會；相對的，地獄裡的人只懂得索取，就變成了很激烈、很貪婪、很競爭，吃不飽的地方。

不僅僅是天堂與地獄，身處人間的我們，有沒有經常伸出互相幫助的手，亦或是自掃門前雪，反而招致失敗呢？

傻傻助人者有福氣

大陸有家公司叫「加多寶」，以前叫「王老吉」。汶川大地震的時候，他們捐了一億人民幣，相當於公司的整體現金流；在這樣的的情況下，還是將一億元通通捐出去，所有人都叫了一聲「哇」！不得了，這間公司只有一億元，全捐了，萬一明天要發薪水怎麼辦？明天要付原物料的錢怎麼辦？要做很多其他的事怎麼辦？

對大陸公司的現金流來講，一億元並不算很優渥，「加多寶」卻願意一下子拿出這麼多錢來幫助社會，一時之間獲得社會很大的認同，民眾對這家公司留下好的印象，同時也建立了更好的企業形象。

以前，「加多寶」一年只有幾億的營業額，現在，他們每年已經有幾百億人民幣的營業額，全是基於國民對企業的信任；當初主動去承擔與貢獻時，當然沒有料想到會透過循環得到更大的受益，善終究有善報。

樂於助人是一種生活態度

鼓勵家長們，應該讓小孩子們多參加服務性社團、服務性的工作，這樣子的觀念在台灣的教育裡已經成為很重要的一環。

學校規定，一個學期要達到固定時數的服務時間，讓學生們去做社區服務、鄉里服務、志工……等服務性的活動，這個都是深具教育意義的，讓孩子們離開自己的封閉圈，離開自己的課桌椅，去看看這個社會角落，還有一些什麼樣的情況是自己可以幫上忙的。

我比較幸運的是，念中學的時候，曾經去過幼幼社、育幼院，在那裡開始了助人生涯的第一階段。一旦有了嘗試、有了開始，這條助人之路，真的難以言喻地美好。

在社會上，如果每個人都在「給」而不是「拿」，這些都屬於行善的表現。很多時候，當大家一味想要「索取」，資源有限，很快便會消耗殆盡；反之，若人人都懂得「貢獻」，資源會越來越豐富，大家都有東西可以得到。所以，務必要了解「施比受有福」，立志成為能「給」的人，而不是「拿」的人。

助人不是做做表面、做做形象，刻意地做些什麼，而是慢慢地把「提供幫助」當做生活的一部分，那麼這件事對你的意義將更非凡。

別小看一己之力

即使只是舉手之勞，亦是善行善事。童子軍常講「日行一善」，這是童子軍的規章，也是童子軍的基本精神。

我們都有能力在任何情況下，去幫助任何人，並不是只有捐錢、投錢，提供了物質或財富上的滿足，才叫做助人。有時候，給予情緒、情感上的支持，也是種無以計價的幫助。

有一些勇敢的年輕人會站在街頭，手上舉著「Free Hug」的牌子，意思是「自由擁抱」：我可以給你一個大大的擁抱，而如果你想，你也可以擁抱我，這樣的活動，讓大家共同體驗擁抱帶來的快樂和溫暖。

我創辦的實踐家文教基金會，每年也都會舉辦一個名為「微笑愛台灣」的活動，藉由將微笑的合照上傳網站，讓陌生人因為微笑而建立起友誼，也因為微笑而放鬆，讓生命更多彩！

對於某一些人來講，當他正跌落在生活的最谷底、當他情緒最困難的時候、當他遇到最大傷害的時候，如果有人能夠提供他一個「擁抱」，這個「擁抱」可能重新燃起他生命的新力量。

領導人的熱心特質

要成為一個優秀的領導人，並不是去打敗最多的人，實則是要幫助最多的人。當你打敗了最多的人，只會得到最多的仇視；而如果你幫助最多的人，將能夠得到最多的尊敬。與其打敗敵人，不如幫助敵人，也就是說，與其把一個人打敗、羞辱他，不如成就他。

富勒博士說過：「為越多人提供服務，就可以創造越巨大的財富。」只要能夠幫助別人解決問題，為別人創造財富，其實同時也在創造自身

的價值，為自己也創造財富。

助人，是訓練孩子成為領導人最有效、最直接的方式。再一次強調，在孩子的成長過程，多鼓勵他們參加服務性社團、服務性工作，耳濡目染之下，小孩會變得更具靈敏性、適應力、包容力，對社會充滿正面感受，願意利用自己的時間，為別人創造價值，而不是自私地自我滿足。

像我的孩子，在年紀還很小的時候，倘若看到需要幫助的人們，例如，熱鬧的夜市裡，有坐在輪椅上賣面紙、賣東西的人，有辛苦賣藝的街頭藝人……等等，他們一定會掏出口袋裡的零錢，盡微薄之力，捐助給弱勢族群，因為他們有應該熱心幫助人的自覺。

其實，幫助別人不是為了得到回報、不是為了得到回饋，助人本身就是一個快樂的自我成長過程，提供幫助的那一刻，除了滿心的快樂，自己也取得品格價值的提升，這都是對自己的好處，不是對別人的。

除此之外，以商業的角度來看，一、未被解決的問題；二、未被滿足的需求；三、未被重視的尊嚴；都是企業經營者可以找到競爭優勢的地方，也是讓企業有機會變得更有價值的方向。

一、未被解決的問題

有某些問題，別人沒有辦法解決，而企業想出了解決之道，這就是幫助人。幫助人，也可能成就一個商業機會。

以前的飲料杯，只有像麥當勞那樣的塑膠杯蓋，拿在手上，飲料不容易流出來，看起來很安全的樣子，可是，如果是開車去買麥當勞，一旦緊急煞車時，飲料杯倒了，飲料就會流出來把車子弄髒。

一般人遇到這樣的情況，恐怕只會嫌麻煩、生氣；可是有人卻有了不一樣的想法，把這個需求化作概念，做出搖搖杯常見的封口保護膜，即使杯子倒了，飲料也不會流掉。

當別人遇到問題的時候，想辦法替他解決，不僅幫助了別人，替群眾解決了問題，也為自己製造了商機。每一個尚未解決的問題，都可能是潛在的創造財富的來源。

二、未被滿足的需求

有殘障人士想要旅遊，通常一般人不會讓他們去，旅行社也不會讓他們參加，為什麼？總覺得他們會拖慢了旅遊速度，造成很多的不便。

有一個想要旅遊的殘障人士，旅遊申請沒有被通過，反而啟發了他；於是他找來很多殘障人士，跟某些並非殘障的有力人士，成立了一個機構，專門為殘障人士提供旅遊活動，滿足殘障人士旅遊的需求，同時也幫自己創造財富。

三、未被重視的尊嚴

有部電影《高年級實習生》（The Intern），由勞勃・狄尼洛主演，故事是在講，有個老人家已經退休了，即使沒有領薪水了，仍有一份不錯的退休待遇、保險，其實足夠他安養天年，可是，為了證明自己還有價值，於是應徵了一份工作，卻受到職場上某些年輕人的輕視……

然而，日子一天天過去，年輕人們發現老人有大智慧，是值得年紀輕輕的他們去學習的；而透過幫助年輕人的過程裡面，也讓主角自己的生活變得更豐富。

老人家在任何地方都容易被看不起，被認為是行動緩慢的麻煩。美國有一家公司，員工平均年紀 78 歲，為什麼？這麼多的老人在裡面工作，他們要證明自己還有用的，還有工作的價值。他們去工作，不是為了領薪水，而是證明自己活著、存在是有意義的。

助人為樂的實踐家

當我們有能力的時候，要懂得運用能力，去幫助更多的人。

譬如，實踐家之前做過很多育幼院、社區青少年的支持活動；在大陸，有很多的農民工（從鄉下到都市打工的人），子女也跟著父母到都市裡來，但他們不像別人家的子女，下課後可以去補習、學才藝，因為缺錢，沒有辦法去補習，功課就會有些差距；而實踐家在大陸有 10 幾個「Money & you」青少年學習中心，有老師教，有書可以看，有東西可以學，有人陪你做功課，幫助你把功課處理好，農民工的子女，或是一些單親的小孩都可免費來，不收費，在那裡，這些孩子可以找回信心，不會因為父母犯錯或是父母被關，而失去了成長的機會；不會因為父母的錯，就失去可以直立行走、追求更好生活的期盼。

每一年，我們也從美國奧克拉荷馬大學，找來很多的義務工作的大學生，到台灣來參加各種義務服務的工作。他們從服務別人的過程裡，找到自己更大的肯定感、更大的存在感，以及更大的價值。

服務別人也是最好的學習機會，透過服務，可以拓展孩子的視野，讓這個孩子在成長過程裡面，可以有能力、有機會幫到更多人，建立更強大的網路人脈，在未來可以發揮更大的價值、產生更好的結果。

以前曾經上過我們的「Super Camp 超人營」的小孩，現在都是大人了；以前在營隊裡面，期待大哥哥、大姊姊、輔導老師的幫助，而如今有了能力，他們都會回來參加我們的「華青志工團」，開始回饋社會，去幫助其他需要的小朋友。

對我們「實踐家」來講，雖然我們很努力在海內外，經營很多企業、公司、設立基金會，我們認為，透過三個基金會，在海內外舉辦更多的活動，幫助到更多的人；

越去幫助別人，越是有所成就。助人是最快速、最能夠讓更多社會的資源，可以變成彼此共享的最好方式。

以上這些，都是我們實踐家正在做的事。

我們總要愛卻不要付出。我們要求福利卻不顧生產需求。此外，我們還想要對我們無所求的孩子，並像寵物一樣導引他們，這是自私又自戀的行動。

丹尼斯．魏特利（Denis Waitley）

吳娟瑜媽媽經

20 世紀的時候，聯合國衛生組織研究發現，最多人罹患的病症中，癌症是第一名，愛滋病是第二名，憂鬱症是第三名；到了 21 世紀，憂鬱症居然擠下愛滋病，攀升到了第二名的位置。

憂鬱症的人口越來越多，很多父母也開始擔心，我在教育小孩的過程中會不會造成後遺症？家中孩子的不快樂，是不是我們所造成的？如果孩子有憂鬱傾向，又應該怎麼跟他相處？

孩子沒有憂鬱症，心中有「樂」，胸襟廣闊，活得很開心，無拘無束，自然就勇於表達自己，去幫助更多需要的人。而「樂於助人」是卓越的第十把鑰匙，它是孩子一個很棒的個性特質。

那麼，究竟有沒有好的教育方法，可以預防憂鬱症的發生呢？

如何預防孩子得到憂鬱症？

預防憂鬱症，有兩個字非常重要，這兩個字叫做「樂觀」，擁有 Positive 的 Thinking，就是孩子有正面積極的思維；並且孩子具備 Vision，眼界寬廣，不會糾結在狹隘的地方。

怎麼教導出一個樂觀又開朗的孩子呢？我有四個給父母的建議：

一、利他導向

利他導向和樂於助人非常相關；一個小孩如果懂得除了自己，還有別人的存在，便有個驅力讓他去做幫助別人的事。

我常常鼓勵父母，當自己在做志工、做慈善事業， 別忘了把孩子帶去，讓他們看到爸爸媽媽揮灑著汗水，去幫助那些生活條件比較差的人，或者是身體有殘缺的人；當父母在攙扶老弱婦孺，或者是在為弱勢族群煮餐飯，噓寒問暖，孩子親眼看到以後，就會起心動念，心想我也想學習爸爸媽媽利他的做法；那是不著痕跡的身教方式。

二、多交好朋友

記得某次在上海講課，有一個爸爸告訴我說：「我鼓勵孩子從幼稚園開始交很多好朋友，過生日的時候，邀請大家一起來家裡慶生；小學慶生時，幼稚園同學、小學同學都來，唱『Happy birthday to you ～』更加地熱鬧了；到中學的時候，中學朋友、小學朋友、幼稚園朋友通通都來慶生……；直到升高中、升大學，我兒子大學畢業的那個時候，總共已經有 200 多個好朋友了。」

這個孩子，一路有這麼多好朋友，他的人生怎麼會寂寞呢？

孩子在人生的舞台上不寂寞， 就不容易得到憂鬱症，因為朋友是漫長人生中一股很重要的支持力量。當孩子有各式各樣的好朋友，有人陪伴他打球、有人陪伴他運動、有人陪伴他看電影、有人陪伴他寫功課，彼此就會創造好的緣分，共同成長。

三、找到特長，發揮出來

每一個小孩都有自己的天賦，爸爸媽媽要陪伴子女慢慢探索自己，將獨特的長處給挖掘出來，當孩子認識自己、接受自己，並且好好發展所長，人生就會充滿成就感，活得精彩。

同場加映小故事

某次在杭州講課時，有一個可愛的媽媽問說：「為什麼我的兒子都不聽話，叫他彈鋼琴，他都愛理不理的樣子？」

我於是請出那個 6 歲的兒子，請媽媽當面問問他，兩個人一對話，兒子就說：「那是媽媽的樂趣，不是我的樂趣，我想踢足球。」

原來，這位媽媽小時候想學鋼琴，苦無機會，生了兒子以後，將自己的遺憾投射，以為孩子也會喜歡彈鋼琴，這就成了教育上的盲點，孩子需要的是發揮自己的特長，而不是爸爸媽媽的期望。

四、解決問題的能力

當孩子有一些煩惱的徵兆，也許是皺著眉頭，也許是滿臉痛苦，也許是情緒看來相當低盪，父母必須要找對時間、找對地方、找對對象、講對的話，開導一下孩子，當以上四個點都能夠選對，孩子們解決問題的能力就可以被父母親培養出來。

譬如說，兒子放學後悶悶不樂，媽媽詢問下，他說：「隔壁座位的同學，常常把我的橡皮擦拿走，都沒問我。」這時候，父母千萬不可以回答說：「你跟我講是誰，我明天去找他談談。」如此一來，孩子就沒有學到自己解決。媽媽應該告訴他：「你可以好好地找他溝通一下，如果他需要借橡皮擦，請他問你，你會借他；如果你要用，就請他還你。」孩子透過親自開口說的經驗，才更懂得如何與人溝通。

包括漸漸長大了以後，譬如說孩子早戀了誰、同學之間有誤會、遇到同學霸凌……等等，都要透過父母從樂觀的角度引導，讓孩子慢慢學習到，碰到各類不同的問題，如何解決是最好的。

孩子為什麼不快樂？

有些父母會問：「我的孩子為什麼不快樂？」「為什麼請他做家事都不甘願？」「為什麼要他照顧弟弟就說不公平？」我會這麼解釋，孩子不開心、不樂於助人，往往是因為欠缺與外界的Connection（連結）。

原生家庭的臍帶沒剪掉

何謂「原生家庭的臍帶沒有剪乾淨」呢？意思就是說，有些孩子黏家黏得太緊了，不懂得往外去尋求自我成長的空間，或者是認識多一點的人，讓自己的人生可以海闊天空；在這樣的情形之下，孩子缺乏與外界的連結，自然會終日鬱悶。

在一個座談會上，某位媽媽指著身邊26、27歲的兒子，抱怨道：「這孩子已經讀研究所了，任何事情都還要我幫忙做決定。」

印象中，那孩子樣貌看起來就像國中生，就像媽寶，我問媽媽：「親愛的媽媽，妳有沒有將原生家庭的臍帶剪斷？放他自由，他才能去找回能力、自我的形象、自己的人生境界。」

媽媽說：「他就是喜歡黏在我身邊啊。」我說：「媽媽，妳先放手，他會離開你；妳把他拉太近，他就走不開。」

她說：「妳知道嗎？他連交女友都要問我，我如果不滿意，他就會立刻跟女生分手。」我聽了搖搖頭，說：「這樣子下去不行，孩子那麼大了，還不懂得為自己的決定負責，以後他的人生還有很多要做決定的事，他又如何快樂起來？」世界那麼大，孩子一定要走出去看看世界。

做一個成功的母親，是孩子可以獨立，離開你的時候，他無所恐懼；然而，離開家以後，他會自發地定期回家找你分享，共同成長 ；這是教育的成功，亦是最完美的親子狀態。

另外，有一個父母在教育過程用錯方法的例子；某次，一個爸爸對我說：「哎呀，吳老師，我如果能夠更早一點來聽你演講，今天我兒子就不會這樣了。」我問他怎麼了？

他說，兒子國小的時候，他都嚴格地督促兒子念書，如果有同學打電話來，他都會兇巴巴地說：「你們不念書，我們要念書，請不要來吵我們，請不要再打電話來。」因此，他的兒子在學校沒有朋友，沒有人敢跟他靠近，因為同學們害怕他的爸爸罵人，兒子心裡也很痛苦，他好想跟爸爸說：「您可不可以不要這樣對待我？讓我去交朋友好嗎？讓我有開心快樂的童年好嗎？」年紀太小的他，不擅長溝通、不懂得表達，又迫於爸爸的權威式教育，他始終沒有辦法解釋自己在學校的遭遇。

後來，兒子考上了台北附近的大學，但是他的人生變得只有唸書，不懂得跟外人相處，處理人際關係有很大的障礙，到哪裡都是邊緣人物，更不知道什麼叫作助人為樂。

有一天，這位爸爸接到了學校的電話，通知他說：「您的兒子罹患嚴重憂鬱症，您趕快來把他帶回去治療吧。」爸爸很懊惱，他想不透，為什麼自己這麼用心教兒子，後果卻是他變成了一個重度憂鬱症患者，過得這麼不快樂。

以上兩個教育例子都告訴我們，孩子是不能缺乏與外界之連結的，與外界良好的連結，是需要從小累積，從人際關係裡面去學來的，孩子常與人群互動，才有機會去學習，才會快樂。

小孩沒有助人習慣

很多的父母看到孩子不會叫長輩，就逼迫子女要大聲打招呼，但是這是勉強不來的，通常越是說：「跟阿姨說掰掰」、「跟伯伯說謝謝」，父母催促得越多，小孩就越是不願意開口。

因為孩子經驗不足，爸媽心急反而會造成壓力，甚至讓孩子排斥與人建立關係，若孩子跟別人的關係沒有好的 Connection（連結），將來長大他就不習慣去靠近別人、幫助別人。

面對孩子不打招呼的行徑，請不要用責備的方式，爸爸媽媽只要直接說：「這是李叔叔，李叔叔你好。」父母做到自己該做的，孩子看多、聽多，久了之後，他一定就跟著做。

此外，有些孩子不肯接近人群，是因為父母本身也很孤僻；舉個例子，有一個媽媽指著幼稚園的兒子說：「妳看，老師，他每次都黏著我，不肯去交朋友。」我建議她，幫兒子組成一個小朋友的成長團體，讓他從中學習分享、關懷、互相幫助；後來，再見到這位母親，她告訴我：「老師，好有效，自從我召集幼稚園另外 4 ～ 5 個家長，一同建立孩子的小團體，他們現在情同兄弟姊妹，我兒子也越來越喜歡交朋友了。」

甚至，不但兒子人際關係改變了，連她以前悶不吭聲的老公，也因為接觸了成長團體的家長們，變成很活絡的一個人。

小孩沒有同理心

要孩子懂得理解別人的感受，媽媽千萬不要做太多。很多母親，可能從小看到自己媽媽一直「撿起來做」，跟在兒女後面擦屁股，所以她也養成習慣，孩子不肯做的部分，通通代替孩子做了。

久而久之，孩子以為一切理所當然，變得懶散、不夠警覺，對媽媽的需要沒有感受，長大後，對於別人的苦難也就沒有感受。

希望孩子們學會善體人意，爸爸媽媽要懂得引導孩子感受，例如，父母剛下班回來，可以問孩子：「寶貝，你覺得我現在的表情是，開心、疲累、難過，哪一個呢？」透過這樣子的引導，讓孩子練習察言觀色的技巧，去關注周遭的人的感受。

此外，多多帶孩子出家門，當看到路旁有人拖著垃圾袋，正在回收瓶瓶罐罐，引導孩子去看與自己不同的生活面向，讓孩子體恤有的人過得很辛苦；別讓孩子眼睛裡只有玩具、電動、麥當勞、肯德基、摩斯漢堡……等；包括坐捷運的時候，有老年人、懷孕婦女、年幼孩童，引導他感受別人的需要，他才能學到「同理心」。

樂於助人的好處

樂觀、樂於助人，除了能夠預防憂鬱症之外，還有哪些好處呢？

滿足精神層次的付出

一個人不能只有物質層面的成長，也要有精神層面的提升，與人互動，可以讓身心更加健康快樂。

我曾經碰到有人說：「時間過得好快，總是什麼都沒做就過一天了，老是有人生苦短之感，我覺得好苦悶、好苦悶。」

我告訴他：「出去走走，你會發現世界不一樣。踏出家門後，遇到每一個人，都友善地說聲早安，或者誇獎懂事的小朋友們，或是上公車就跟司機說謝謝……等等，收到對方的微笑，你會覺得心情更好。」

助人不見得是幫對方抬重物，或者是捐錢給對方，而是「人生無處不助人」；哪怕是一句話，一個眼神，一個動作，給予精神上的支持，當別人遇上你感覺快樂，也算是樂於助人。

所以，人為什麼要為別人付出、為社會奉獻？為什麼要樂於助人？都是為了讓自己的精神豐富，身心達到平衡。

廣結善緣

樂於助人，會結下良性循環的善緣。就像我自己年輕的時候，長輩們有不少人願意給我機會，等於這些長輩幫助了我，成為我的生涯貴人；如今，我自己變成媒體界、文學界、演講界較資深的長輩型人物，我也樂於回過頭去幫助別人。你今天幫助別人、將來別人幫助你，環環相扣之下，彼此得到支持，不是很開心的事嗎？

讓受助的人得到改變機會

當我們發現某些人，猶如井底之蛙，受困在煩惱之中，明明換一個角度想，或是換一個方式做，即可以解決，他卻執迷不悟。如果我們願意聽聽對方講話，提供他一些資訊，鼓勵他求助於哪些機構，很有趣的，他就有機會得到生命的改變、人生的轉機，對他來講是一個恩典。

樂於助人，從自己做起

我的父親是一個樂觀、積極、熱心公益的人，受到他的影響，我從小也樂意參加公眾活動，擔任過許許多多「為民服務」的角色，譬如說衛生股長、康樂股長、班代表、運動校隊……等等，有時候，甚至會覺得自己猶如好管閒事的「管家婆」，當然，背後的利基點，都是因為我樂於助人，可以從中感受到快樂。

不要小看服務同學這件事，其實在助人為樂的過程中，我不知不覺也學到很多好處，譬如：對組織團隊越來越熟稔，瞭解到個體之間的差異，懂得多多體諒別人的感受。這些小時候的經驗，當我長大了以後，進入職場，運用在協助長官、協助同仁、協助部屬、協助客戶，當他們看到我的態度，很多機會就會落到我身上來。

一直到今天，我常常受到媒體的邀約，很多都是突發性的，只要時間允許，我從來不會說「No」，都選擇最快的時間配合，樂於出席，樂於接受採訪。對我來說，能夠幫助新聞記者、報章雜誌記者、網路記者，快速得到他們需要的資訊，何樂不為？

助人為樂的過程，會讓世界變寬廣，是自我品德之成長，是分工合作之學習，也是貴人的累積。樂於助人的另一項優點是：接受自己也需要向外界求助；平時多多幫助別人，當別人伸出援手時，我們也欣然地接受，不要排斥，不要反對，人與人之間的關係是互相的。

樂觀主義對於那些有信仰的人來說，可以說是一個不治之症；樂觀主義者相信，大多數的疾病、憂傷、官能障礙及不安，都是可以被治癒的。

丹尼斯．魏特利（Denis Waitley）

國家圖書館出版品預行編目資料

孩子就要這麼教／吳娟瑜、林偉賢 著. 初版—新北市中和區：活泉書坊出版 采舍國際有限公司發行
2017.1 面；公分；—(品味教養 18)
ISBN 978-986-271-734-9 (平裝)

1. 親職教育 2. 親子關係

528.2 105020368

孩子就要這麼教

出 版 者 ■ 活泉書坊
作 者 ■ 吳娟瑜、林偉賢
文字編輯 ■ 蕭珮芸
總 編 輯 ■ 歐綾纖
美術設計 ■ 蔡億盈

郵撥帳號 ■ 50017206 采舍國際有限公司（郵撥購買，請另付一成郵資）
台灣出版中心 ■ 新北市中和區中山路2段366巷10號10樓
電話 ■ （02）2248-7896 傳真 ■ （02）2248-7758
物流中心 ■ 新北市中和區中山路2段366巷10號3樓
電話 ■ （02）8245-8786 傳真 ■ （02）8245-8718
ISBN ■ 978-986-271-734-9
出版日期 ■ 2017年1月

全球華文市場總代理／采舍國際
地址 ■ 新北市中和區中山路2段366巷10號3樓
電話 ■ （02）8245-8786 傳真 ■ （02）8245-8718

新絲路網路書店
地址 ■ 新北市中和區中山路2段366巷10號10樓
網址 ■ www.silkbook.com
電話 ■ （02）8245-9896 傳真 ■ （02）8245-8819

本書採減碳印製流程並使用優質中性紙（Acid & Alkali Free）通過綠色印刷認證，最符環保需求。

線上總代理 ■ 全球華文聯合出版平台
主題討論區 ■ http://www.silkbook.com/bookclub ◎ 新絲路讀書會
紙本書平台 ■ http://www.silkbook.com ◎ 新絲路網路書店
電子書下載 ■ http://www.book4u.com.tw ◎ 電子書中心(Acrobat Reader)